아이와 부모가 함께 성장하는 자연주의교육

발도르프 영유아교육의 이해와 실제

발도르프 영유아교육의 이해와 실제

© 이미란, 2022

1판 1쇄 인쇄_2022년 06월 10일
1판 1쇄 발행_2022년 06월 20일

지은이__이미란
펴낸이__홍정표
펴낸곳__글로벌콘텐츠
　　　　등록__제25100-2008-000024호

공급처__(주)글로벌콘텐츠출판그룹
　　　　대표_홍정표 이사_김미미 편집_하선연 이정선 문방희 권군오 기획·마케팅_김수경 이종훈 홍민지
　　　　주소__서울특별시 강동구 풍성로 87-6, 201호
　　　　전화__02) 488-3280 팩스__02) 488-3281
　　　　홈페이지__http://www.gcbook.co.kr
　　　　이메일__edit@gcbook.co.kr

값 17, 000원
ISBN 979-11-5852-373-2 93370

영유아기 자녀교육과 성교육의 새로운 코칭

발도르프
영유아교육의 이해와 실제

아이와 부모가 함께 성장하는 자연주의교육

이미란 지음

글로벌콘텐츠

프롤로그

1999년 저자는 독일의 발도르프 유아교육사범대학 학장이셨던 페터 랑(Peter Lang) 교수의 발도르프 강의를 접하고, 슈타이너의 사상과 교육철학에 깊은 관심을 갖게 되었습니다. 저자가 부천시 국공립 장애통합어린이집의 원장으로 있었던 시기는 기관 운영에 많은 어려움이 발생하던 때였습니다. 발도르프 교육을 접한 이후 기관의 여러 문제와 한국의 답답한 보육환경의 해결 가능성을 보게 되었습니다. 그 시기만 해도 발도르프 교육은 한국의 유치원과 어린이집에 생소한 분야였습니다. 어린이집의 부모와 교사들의 동의를 구한 후 발도르프 교육으로 전환한 지 6개월 만에 장애아동들의 과잉행동이 감소되었고, 비장애아동의 경우에도 안정된 보육 리듬을 확인할 수 있었습니다.

본 어린이집이 발도르프 교육으로 전환된 후 도출된 긍정적 결과가 주변에 알려지면서 부천시의 어린이집 20여곳 이상이 발도르프 교육운동에 참여하게 되었습니다. 한국의 척박한 보육현장에도 불구하고 발도르프 교육에 매진한 지도 벌써 23년의 세월이 흘렀습니다. 발도르프 영유아교육의 이해와 실제를 저술하면서 그동안 겪었던 여러 일들이 주마등처럼 스쳐 지나갑니다. 2005년도 서울한영대학교 유아특수재활과에 교수로 재직하며 (사)한국루돌프슈타이너인지학연구센터의 사무국장으로 행정의 기초를 닦는 데 일조했던 일이 기억납니다. 아울러 독일-한국 발도르프 영유아교육예술가 전문가과정 아카데미 개최와, 교육을 통한 현장적용의 초석을 놓게 된 것을 나름의 보람으로 여기고 있습니다. 이어 2009년도부터 발도르프 교육지원센터와 평생교육원 설립을 통해 교사교육과 보육현장 지원과 본 대학원 아동학전공 석사과정에 '발도르프 교육 세미나' 과목을 개설하여 강의를 이어가기도 하였습니다. 본 저서는 그동안 진행된 발도르프 영유아교육 강의 자료를 정리하는 차원에서 출간하게 되었습니다. 그러나 교재 저술에 돌입하고 보니, 한계점을 마주하지 않을 수 없었습니다. 슈타이너의 사상과 철학 및 방대한 인지학에 대한 이해가 부족함을 실감하였고, 한국 문화에 맞게 변형된 발도르프 교육철학 내용이 편협될 수 있어서 두려움이 있었기 때문입니다. 그러나 현장에서 경험했던 내용과 강의 자료를 정리하고 나눈다는 차원에서 큰 용기를 갖고 출간하게 되었음에 독자 여러분들의 넓은 이해와 양해를 구합니다.

　본 저서는 총 5부로 구성되어 있습니다. Ⅰ부는 발도르프 교육학, Ⅱ부는 발도르프 영아보육으로 영아보육의 원리, 놀이발달, Ⅲ부는 발도르프 유아교육으로 리듬의 원리, 환경구성 및 놀잇감 등으로 구성하였습니다. Ⅳ부는 발도르프 유아 예술활동, Ⅴ부는 발도르프 치유교육과 영유아 성(性)교육으로 구성되어 있습니다. 부록에는 교사교육을 통해 제공되었던 매월리듬 자료인 전래동화, 손유희·라이겐(강사: 정은혜 원장 교육자료, 한국루돌프슈타이너 인지학연구센터 아카데미 자료) 등을 담았습니다. 그러나 자료 출처의 불분명으로 참고문헌을 제대로 밝히지 못한 부분에 대해 독자분들의 넓은 양해를 구하며 따뜻한 조언 부탁드립니다. 마지막으로 발도르프 교육의 불모지인 한국 땅에 발도르프 영유아교육의 씨앗을 뿌려 주시고, 기초를 세워 주신 독일의 페터 랑(Peter Lang) 교수님, 헌신적인 가르침과 삶으로 본을 보여주신 독일의 교수님들, 또 통역으로 수고하신 (사)한국루돌프슈타이너인지학연구센터 이정희 대표에게 감사를 드립니다. 아울러 발도르프 교육지원센터의 주 강사였던 김은영 박사, 김정임 교수, 장금옥 원장, 정은혜 원장, 정선훈 대표, 백미란 원장 등 함께 했던 모든 분들에게 감사를 전합니다. 아울러 성경적 성교육에 눈을 열어 주신 쉐마교육연구원 대표 현용수 박사님께 머리 숙여 감사함을 드립니다. 또 여기까지 올 수 있도록 물신양면으로 도움을 준 남편 윤태익 사장, 큰딸 은진이, 둘째 은지 등 가족 모두에게 고마움을 전합니다. 아울러 부족한 책을 제작해 주신 글로벌콘텐츠 홍정표 대표와 직원들에게도 감사를 드립니다.

내 삶의 주인 되시고 오늘, 여기까지 인도해 주신 주님께 모든 영광을 드립니다.

할렐루야! 마라나타!

2022년 6월 20일 학산 연구실에서
저자 이미란

이 책은 2021학년도 서울한영대학교 학술연구비 지원에 의해 출간합니다.

차 례

제Ⅲ부 **발도르프 유아교육**

부록

I

발도르프 교육학

발도르프 교육(Waldorfpädagogik, Waldorf education, Steiner education)은 오스트리아 교육학자이자 저술가인 루돌프 슈타이너(Rudolf Steiner, 1861~1925)에 의해 고안되었다. 그의 인지학(人智學)을 적용한 최초의 발도르프 학교가 1919년 독일 슈투트가르트에 설립되면서 발도르프 교육이 시작되었다.

발도르프 학교 설립 당시 독일은 제1차 세계대전을 겪어 사회 전반이 혼란한 상황이었다. 정치·경제·사회 전반에 복구가 절실하던 시대에 루돌프 슈타이너는 다양한 사회문제의 근본적인 개선을 촉구하며 삼중적 사회운동[1]을 펼쳤다. 당시 기업가이자 발도르프 아스토리아 담배공장 사장인 에밀 몰트(Emil molt, 1876~1936)는 슈타이너의 강연에 깊은 감명을 받게 된다. 그는 교육을 통해 독일의 혼란스러운 시대적 상황을 개선해 나갈 수 있다고 생각하고 학교 건립을 계획했다.

그 당시 노동자 자녀교육에 관심을 갖고 있던 에밀 몰트는 교사교육을 시작으로 슈타이너와 함께 발도르프 학교 개교를 준비했다. 개교를 위한 2주간의 교사교육을 마친 후 1919년 9월 25일에 남부 독일 슈투트가르트에 최초의 '자유 발도르프 학교(Freie Waldorfschule)'가 개교했다. 여기서 '발도르프 교육'이란 발도르프 아스토리아 담

---

1) 삼중적 사회운동- ① 정치생활의 평등, ② 문화생활의 자유, ③ 경제생활의 협력

배공장 이름에서 유래되었고, '슈타이너 교육'과 동일하게 사용되고 있다.

1919년 시작된 '자유 발도르프 학교'는 103년이 지난 지금도 세계 60여 개국에서 1,000여 개의 학교와 2,000여 개의 유아교육기관으로 운영되고 있다. 세계에 흩어져 있는 수많은 발도르프 교육기관들은 각 나라의 문화와 종교 및 지역적 특성을 접목시켜 독자적으로 운영하고 있다.

발도르프 교육이 세계적으로 확산되고 있는 이유는 발도르프 교육이 개별적 인간 교육 실현에 주력하고 있기 때문이다. 교육은 아이의 본성에서 시작되어야 하며, 인간에 대한 본질적인 이해가 없으면 궁극적인 문제를 해결하지 못한다. 기존의 교육은 인간의 마음과 정신이 배제되어 있다는 문제를 가지고 있다. 인간의 잠재성을 높이 바라보고 인간 교육에 대한 지속적인 발전 가능성을 갖고 있는 교육으로 발도르프 교육이 주목받기 시작한 것이다.

발도르프 교육은 1994년 스위스 제네바에서 열린 세계교육부장관 회의에서 '21세기 교육혁신 모델'로 선정되면서 더욱 발전할 수 있는 계기가 되었다. 한국에서도 1996년 독일문화원을 통해 소개된 이래 '청계 자유 발도르프 학교'를 비롯하여 발도르프(슈타이너) 학교 20여 개 기관이 운영되고 있고, 유치원, 어린이집 등의 유아교육기관도 400개 이상 운영되고 있다(김정임, 2017).

1장

발도르프 교육의 철학

발도르프 교육은 인지학(人智學)을 토대로 교육예술로 접근함으로써 인간 내면의 본질적인 의식을 고양시킨다. 또 인간의 근원적 본질과 마음에 대하여 정신과학적으로 이해한다.

슈타이너는 그의 저서 〈정신과학적 관점에서 바라본 아동〉에서 아동의 삶과 아동 내면의 숨겨져 있는 소질이나 성향을 식물에 비유하고 있다. 식물의 본질은 우리의 눈에 보이지 않지만 이미 꽃과 열매를 맺을 수 있는 가능성을 가지고 있다. 인간의 삶 자체는 식물과 같아서 눈에 보이는 것만 담고 있는 것이 아니다. 인간의 내면에 깊이 숨겨져 있는 것, 즉 미래에 발현될 수 있는 성향을 볼 수 있어야 한다. 우리가 한 식물에 대해서 설명할 수 있으려면, 지금 보는 싹만 말하는 것이 아니라, 앞으로 나타날 현상에 대해서도 알고 있어야 한다(슈타이너, 2001).

우리는 삶에서 대부분 시각적으로 눈에 보이는 것을 중요하게 여기며 살게 된다. 지금의 시대는 표면에 나타나는 것을 중요시하고, 눈으로 보고 경험할 수 있는 것만이 전부라고 보는 관점이 지배적이다. 이렇게 눈에 보이는 것에만 치중하다 보면 사물이나 인간 내면에 내재되어 있는 본성을 왜곡할 위험성이 있고, 그것을 직시할 수 있는 안목이 흐려지게 된다. 따라서 교사는 아동의 미래에 관해 말하기 위해서 개개인에 눈에 보이는 신체적인 현상과 보이지 않는 영역을 관련지어 신체·영혼·정신의 통합적인 이해가 필요하다.

2장
발도르프 교육의 목적

발도르프 교육의 근간을 이루고 있는 것은 슈타이너의 인지학(人智學, Anthroposophy)이다. 인지학(人智學)은 그리스어로 인류(Anthropo)와 지혜(Sophia)라는 두 단어의 합성어로 인류의 지혜를 바탕한 학문이다.

발도르프 교육의 목적은 학자들마다 다양하게 정의되고 있다. 그러나 핵심은 각자 개인의 성장에 따른 요구를 고려한 전인적인 인간교육의 추구이다. 즉, 전인교육을 통해 인간발달의 세 가지 단계인 의지·감정·사고 발달과정을 통해 세상을 보는 지혜를 길러 준다는 것이다. 개개인이 사회적 책임감과 주체성을 갖고 행동하는 '자유로운 인간으로의 성장'이 발도르프 교육의 목적이다.

발도르프 교육은 정해진 교과계획 목표와 맹목적인 필연성을 단련시키는 것이 아니다. 각자의 고유한 본성과 역량을 일깨우고 발전시켜 자신의 삶을 지배해 나갈 방법을 만들 수 있게 한다. 발도르프 학교는 모든 학생들이 인습적 사고와 심리적 압박으로부터 벗어나 내면의 자유를 실현하게 한다. 아울러 학생들이 교육을 통해 스스로를 거침없이 비판할 수 있는 자신감을 확립할 수 있도록 한다. 또 다음 세대를 향해 두려움 없이 앞으로 나아갈 수 있는 힘과 용기, 의지 발휘를 강조하고 있다(Linderberg, 1975).

발도르프 학교에서는 교육의 목적 성취를 위해 표준화된 교과서를 사용하지 않는다. 또 학생들의 능력을 평가하는 시험을 실시하지 않기 때문에 성적표도 존재하지 않는다. 오직 학생 개인의 개별적 성장과 요구에 관심을 기울인다.

발도르프 학교에서는 학생들 각자의 타고난 재능들이 발현될 수 있도록 노작과 예술교육에 많은 비중을 둔다. 그 이유는 학생들이 손과 발을 이용하여 움직이는 노작과 예술활동을 통해 자신의 내면을 통찰할 수 있고, 그 결과 내적 자유를 경험할 수 있기 때문이다. 발도르프 교사는 학생들이 지니고 있는 정신성을 일깨우고, 스스로 내면세계를 발달시켜 나갈 수 있도록 도와준다. 아울러 학생들은 내면의 잠재성을 일깨워, 점차 우주와의 조화를 이루고 '나와 우주는 하나로 연결되어 있다'라는 인식을 갖게 된다. 이러한 경험은 학생들로 하여금 세상을 보는 시야를 넓혀 주고, 또 사회적 책임감 속에 주체성을 잃지 않고 행동하게 한다.

슈타이너가 추구하는 인간상(人間像)은 영성을 겸비한 전인적 인간이다. 사회적 책임감과 자신의 주체성을 갖고 행동하는 자유로운 인간으로의 성장이 바로 발도르프 교육의 목적이자 지향점이다(곽노의, 1998).

1. 인간 본질의 4구성체

슈타이너는 인간 출생 시 육체적 탄생뿐만 아니라 보이지 않는 생명체·감정체·자아체인 4구성체가 같이 탄생한다고 하였다. 인간교육에 앞서 네 가지 인간 본질 구성체인 신체(물질체), 생명체(에테르체), 감정체(아스트랄체), 자아체에 대한 이해를 강조하였다. 인간을 교육하기에 앞서 인간 본질인 4구성체를 잘 이해해야 올바른 교육관이 형성된다. 또 7년을 주기로 발달에 변화가 나타나는 인간의 특징을 '성숙'이 아닌 '탄생'이라는 말로 규정하며 인간 본질을 다음과 같이 구분하였다(강상희, 2002).

인간 본질의 첫 번째 구성체는 '신체'이다. 출산을 통해 탄생하는 물질적 신체는 정신을 뺀 나머지 육체를 말하며 무기질과 같은 광물적인 물질로 형성되어 있고 죽은 후에는 분해된다. '신체' 구성체는 보호막에 덮여 있어서 외부 노출이 가능할 때까지 기다리는 것이 중요하다. 태아가 모체에서 일찍 나오는 조산이 위험한 것과 같이 구성체의 탄생을 무시한 영유아기 학습 노출은 지적능력의 손상을 일으킬 수 있다.

인간 본질의 두 번째 구성체는 '생명체(에테르체)'이다. 식물이 밑에서 흐르는 성장, 번식, 내적 운동 등의 생명의 에너지가 솟아오르는 힘을 가지고 있는 것과 같다. 인간발달 안에는 생명력으로 표현되는 생명체가 내재되어 있다. 이 생명체는 생명의 힘을 바탕으로 생명현상을 만들어 낸다. 이 생명력은 육체의 물질과 힘, 성장과 생식, 호르몬작용 등 내적 활동의 원동력을 제공한다. 이러한 에테르체의 작용으로 인해 물질체는 붕괴되지 않고, 단순한 광물 이상의 임무를 다하게 되는 것이다. 또 에테르체는 인간의 기억력, 성장과 재생의 힘, 생명체의 종을 보존하고, 성장과 번식의 유형을 제공할 뿐만 아니라 사고하는 정신의 임무도 수행한다. 에테르체는 '0~7세까지 신체를 만드는 형성자' 또는 '건축가' 역할이라고 표현한다.

인간 본질의 세 번째 구성체는 '감정체(아스트랄체)'이다. 이것은 14살에 탄생하는 감정체로 인간에게 나타나는 감정을 뜻한다. 의식과 내적 체험, 고통과 기쁨, 충동과 탐욕, 열정 등의 감정체는 느낌체라고도 표현된다. 이러한 감정체 속에서 인간은 외부로부터 받은 인상을 내면화시켜 고유의 내적 체험을 하게 된다. 동물과 인간에게 공통적으로 가지고 있는 요소로서 고통, 흥미, 충동, 욕망과 열정 등을 운반하는 감정체는 인간과 동물에게 있는 구성체이다.

인간 본질의 네 번째 구성체는 '자아체'이다. 인간의 본질 네 번째 구성요소인 '나'를 자각하게 해주는 자아체는 21살에 탄생한다. 이러한 '나'라는 의식은 다른 생물과 비교해 볼 때, 최고의 경지에 오른 단계로써 인간을 구별 짓는 특징이 된다. 다른 어떤 생물체와도 공유하지 않는 인간만의 고유한 구성체이다(정윤경, 2000). 슈타이너에 의하면 인간의 본질을 구성하고 있는 4구성체 가운데 우리의 감각기관으로 인지할 수 있는 것은 물리적 신체일 뿐이다. 나머지 구성체인 생명체·감정체·자아체 등은 인간 내면에 있는 초감각적인 본성을 개발해야만 인식될 수 있다. 눈에 보이는 물질체 안에서, 보이지 않는 에테르체, 아스트랄체, 자아체의 영향력을 읽어낼 수 있어야 통합적 존재로서의 인간에 대한 이해를 갖게 된다(김선영, 2004).

2. 슈타이너의 3단계 발달론

슈타이너는 인간의 발달을 7년 주기로 유아기, 아동기, 청년기로 구분하였다. 7년 주기에 따른 순차적 단계로 의지, 감정, 사고라는 세 단계를 통한 '자유로운 인간'으로의 성장이 발도르프 교육의 목표이다. 그 단계별 특징은 다음과 같다(김정임, 2006).

1) 유아기(0-7세)

발달의 1단계는 유아기로 의지가 형성되는 0~7세까지의 시기이다. 젖니가 빠지고 영구치가 나오는 이 시기는 놀이와 모방, 행동을 통한 의지발달의 중점시기이다. 영아는 출생 이후 머리를 시작으로 발달이 가장 왕성하게 이루어지는 시기이다. 특히 신경조직과 눈, 코, 귀 등의 감각기관이 집중적으로 발달하는 시기이다. 이어서 흉부, 사지. 복부(오장육부) 순으로 성장해 간다.

3세까지는 '걷기, 말하기, 생각하기' 활동이 가능하며 처음으로 '나'라는 경험을 한다. 특히 감각기관으로 이루어진 온몸이 주변의 모든 자극을 그대로 흡수한다. 이 시기는 놀이를 통한 기쁨과 감사함, 반복되는 편안함을 통해 긍정적인 신체를 일구어내는 중요한 시기이다. 따라서 모든 힘은 다른 곳에 사용되지 않고, 오직 신체를 만드는 데 쓰이도록 해야 한다.

특히 이 시기는 주변 사람들을 모방하면서 무엇인가 시도하려는 의지가 자라는 시기이다. 그러므로 어른들은 아이들이 자연스러운 삶을 모방할 수 있도록 배려해야 한다. 따라서 유아기의 읽기, 쓰기, 셈하기 등의 학습은 유치가 빠지고 영구치가 나온 이후에 지도하는 것이 아이의 건강한 뇌 발달을 위해 바람직하다. 이갈이 이후 부모로부터 물려받은 신체를 벗어나 자신의 개별적인 신체를 형성해 나아감으로써 유아기가 종료되고 아동기로 접어들게 된다.

2) 아동기(7-14세)

발달의 2단계는 아동기로 감정이 형성되는 시기이다. 이 시기는 7-14세로 풍부한 감정체 발달이 중점적으로 이루어지고, 성적 성숙기로 감성을 풍부하게 경험하는 단계이다.

이 단계에서는 예술과 같은 아름다움에 감각이 열리는 시기로, 특히 생명체의 진동과 유사한 음악에 대한 감각이 깨어나는 시기이다. 따라서 예술적인 교육과 경건한 체험을 통해 감정이 풍부해지는 경험을 도모해야 한다. 그러므로 이 시기의 아동을 위해 학교에서는 직접적인 경험을 위한 교수 방법과 예술과목 교육과정을 포함시켜야 한다.

또 이 시기는 흉부의 폐와 심장을 중심으로 한 호흡, 순환기관이 성숙하는 시기이다. 이외에도 풍부한 내면생활과 관계 형성, 즉 주변 사람들과의 사이에서 '주고, 받고'라는 상호관계가 형성되는 시기이다. 다양한 인간관계 형성의 기본이 싹트고, 생활 리듬이나 버릇, 습관도 이 시기에 형성된다. 아울러 장기기억을 할 수 있으므로 학습이 시작되고, 배우기를 즐겨한다. 특히 학습의 동기는 지도하는 교사에 대한 사랑과 존경에서 비롯되고, 어른의 권위에 따르는 시기이다.

3) 청년기(14-21세)

발달의 3단계는 14-21세의 청년기로 사고가 형성되는 시기이다. 사춘기가 시작되고, 자기 인식의 단계로 머리의 신경 감각과 사고발달이 중점적으로 이루어지는 단계이다.

이 시기는 독립심이 발달하며 추상적인 사고능력과 함께 비판적 시각으로 독자적인 판단을 하고자 한다. 청년기는 논리적, 추상적 사고를 통해 세상에 일어나고 있는 사건과 인간에 대해 더 깊이 이해하고자 하는 욕구가 일어난다.

또 권위의 상징이었던 어른들로부터 벗어나고자 하는 의지가 강하게 나타난다. 따라서 청년기에 나타나는 이러한 사실을 자각하고 자신의 판단을 분명하게 형성할 수 있는 능력을 키움과 동시에 독립적이고 자주적인 인간으로 성장하도록 준비해야 한다. 21세가 되면 자아가 확립되어 성인으로서 스스로 자신의 삶을 꾸려나갈 수 있는 나이가 된다.

3. 12감각

슈타이너는 기존의 5감각과는 다르게 12감각을 주장하였다. 인간의 감각을 12감각으로 분류한 것은 인간 존재의 깊은 이해에 기반한 것이다. 12감각은 우주의 운행 법칙과 깊은 연관성을 갖고 있다. 우주는 대우주, 인간은 대우주의 영향을 받는 소우주로 비유하며 서로 상호 유기적 관계로 보았다.

0-7세의 영유아들은 온몸이 감각기관이다. 아이들은 주변의 세계에 대하여 무방비 상태로 완전히 열려 있다. 영유아들은 외부의 감각이나 인상을 스스로 차단하지 못해 자기가 지각한 것에 대해 인식을 하지 못한다. 따라서 아이들은 감각을 통해 외부에서 받아들이는 인상들을 아름답게 여기며 그것을 모방을 통해 자기 것으로 학습해 간다. 이러한 감각의 작용을 받아들이고 인식할 때 심신이 조화롭고 균형 잡힌 자아로 성장해 나갈 수 있다. 슈타이너는 몸과 마음과 정신의 통합체로서의 인간 이해를 피력하며 12감각을 다음과 같이 분류하였다(알버트 수스만, 2016).

신체 의지감각(하위감각)

신체 의지감각은 자신 몸에서 일차적으로 지시하는 데 사용되는 감각이다. 의지를 나타내는 주체로 나를 알아가는 감각이며, 촉감각, 생명감각, 고유운동감각, 균형감각이 여기에 해당된다.

정서 감정감각(중위감각)

정서 감정감각은 인간이 세상과 관계 맺는 데 사용되는 감각이다. 또 다른 '나'와의 관계를 맺으면서 자신의 감정을 경험하고 깨우쳐 가는 감각으로 후감각, 미감각, 시감각, 열감각이 이에 해당된다.

사고 정신감각(상위감각)

사고 정신감각은 자신과 다른 것들을 내적으로 경험하는 일에 사용되는 감각이다. 하위감각과 서로 유기적 관계로 직결되어 있으며, 청감각, 언어감각, 사고감각, 자아감각이 여기에 해당된다. 영유아 시기에 하위감각을 잘 발달시키면 상위감각 발달에 긍정적 영향을 준다.

영유아시기에 12감각을 각각 이해하고 발달시키기 위해서 현장에서 적용해 볼 수 있는 내용을 살펴보면 다음과 같다(김현경, 2015).

1) 촉감각

촉감각은 인간관계 속에서 경계를 알고 선을 지키게 하는 감각이다. 사람은 어떤 물체와 접촉함으로써 나와 상대방의 서로 다른 경계를 알게 된다.

영유아시기에 상대방과의 애정어린 접촉은 매우 중요하다. 따라서 영유아들의 생애 초기에 촉각을 통해 손에 만져지는 놀잇감은 플라스틱 소재보다 천연 소재로 된 것을 제공해야 촉감각을 발달시킬 수 있다. 천연 소재의 놀잇감을 손으로 만질 때 편안한 마음을 느낄 수 있다. 또 아이들은 따뜻한 스킨쉽을 통해 자신이 주변 세계와 사랑으로 연결돼 있음을 느낀다. 이러한 경험을 통해 다른 사람과 자신간에 분리와 경계가 있음을 알게 되고, 건강한 촉감각을 통해 경계이해 능력이 발달해 나간다.

2) 생명감각

생명감각은 자신의 신체적 생명의 안전과 위협을 알아차려 몸을 지키게 하는 감각으로, 신체의 통증이나 고통, 배고픔, 갈증 경험을 통해 자신의 몸이 무엇을 원하는지 알려주는 감각이다. 따라서 영유아들은 자신의 신체적 생명의 안전과 위협에 대한 직접 체험이 필요하다. 이를 통해 자신의 건강한 신체 관리의 감각을 키워 갈 수 있다.

유치원에서는 아이들의 생명감각을 자극하고 자양분을 제공해 줄 수 있는 활동으로 권선징악을 내포하고 있는 전래동화 들려주기(잔인한 장면은 진통 효과)를 포함시킬 수 있다. 전래동화를 통해 삶 속에서 발생하는 시련과 고난이 인간을 가치롭게 한다는 것을 인식하게 한다. 따라서 창작동화보다는 권선징악 내용이 내포된 전래동화를 들려줄 때 아이들의 건강한 생명감각이 발달된다.

3) 고유운동감각

고유운동감각은 자신이 희망하는 꿈과 목표를 향해 스스로 움직이게 하고 노력하게 하는 감각이다. 또 자신의 몸을 인식함으로써 자신의 속도대로 앉고, 서고, 돌아다니고, 앞으로 나아가는 법을 배울 수 있다. 자신만의 자유로운 움직임을 통해 신체적 움직임을 의식할 수 있고, 또 움직임에 자극받아 고유운동감각을 풍요롭게 기를 수 있다. 따라서 건강한 고유운동감각 발달은 자신이 희망하는 비전을 향해 나아갈 수 있게 한다.

4) 균형감각

균형감각은 신체의 외적, 내적 균형뿐 아니라 영혼의 균형을 갖게 하는 감각이다.

우리 귀 안에는 90도 각도의 반규관(半規管) 기관이 세 개가 있다. 이 부위가 손상되면 신체적 균형 유지가 어려워 균형 잡고 서기가 어렵다. 반규관은 공간, 위아래, 좌우, 앞뒤 대상들과 관계 맺는 힘, 내이(內移)가 균형을 이루는 일과 관련이 있다.

영유아기에 중이염을 앓아 반규관 기능의 어려움이 있거나, 시기에 맞지 않는 조기학습은 내적으로 불안정한 상태를 만들어 신체의 균형감각 발달을 방해한다. 여기서 균형이라는 말은 육체적인 균형부터 내적, 정신적인 균형까지 삶 전반에 해당된다.

5) 후감각

후감각은 후각을 통해 사물의 성질을 경험하는 감각을 말한다. 후각은 호흡과 함께 이루어지며 내면의 감정과 깊이 연관되어 있다. 우리는 개인적인 냄새의 경험은 각자 다른 기억과 관련한다. 어떤 꽃향기나 어릴 적 엄마가 만들어준 음식, 시골의 밭에서 나는 거름 냄새 등은 후각을 통해 들어오면서 옛 기억을 불러일으킨다.

영유아동은 향과 냄새에 민감하다. 영유아기 때에는 자연의 향, 기분이 좋아지는 냄새를 경험해야 한다. 화학향은 아이의 신체 형성에 악영향을 줄 뿐 아니라 아이의 감각을 닫게 한다. 따라서 발도르프 유치원에서는 아이들의 후각을 발달시키고자 교실 안에 주방을 설치하여 다양한 음식 냄새를 경험하게 한다. 유치원에서 맛있는 음식 냄새를 맡게 되면 소화액이 나오기 시작하여 식사도 맛있게 먹고 소화도 잘하게 되어 건강하게 자라게 된다. 자연적인 꽃향기, 과일향, 유기농 채소, 자연의 풀 냄새 등은 주변 세계에 마음을 열게 되는 원동력이 된다. 반면 화학 향기 나는 스프레이, 비누, 향 화장지, 샴푸, 로션 등은 주변 세계에 마음을 여는 능력 발달의 저해 요인이 된다. 이러한 결과는 향후 사회적 발달에 악영향을 미칠 수 있다.

6) 미감각

미감각은 미각을 통해 몸의 건강과 안전을 위한 음식을 선택해서 먹게 하는 감각이다. 소화는 입안에서부터 시작된다. 영유아시기에 미각발달을 통해 몸에 좋은 음식이 무엇이고, 좋지 않은 음식이 무언인가를 몸이 알도록 경험하는 것이 중요하다. 따라서 좋은 음식은 섭취하고, 좋지 않은 음식은 자신의 몸이 거부하게 함으로써 건강을 유지할 수 있도록 미감각을 발달시켜야 한다. 몸에 해를 주는 과도한 소금, 설탕, 화학조미료 등은 사용을 금지해야 한다. 이러한 요소는 몸의 요구와 우리의 미각 사이에 존재하는 관계를 파괴할 수 있으므로 영유아시기에는 좋은 먹거리 제공이 필요하다. 미각 발달은 영유아기에 결정되므로 좋은 먹거리를 통해 건강한 신체를 유지할 수 있도록 유기농 음식 제공이 중요하다.

7) 시감각

시감각은 시각을 통해 빛, 어둠, 색을 경험하는 감각이다. 현대인의 깊이가 없는 경험이 우리의 시각을 성숙하게 발달시키지 못하게 한다. 인간은 지각 대상의 색을 내적으로 변형시켜서 내면에서 보색(補色)을 경험하게 한다. 따라서 눈을 위해서 휴식하는 공간이 중요하다. 이전에 보았던 것을 내적으로 다시 만들어낼 수 있기 때문이다.

영유아시기의 시각 발달을 위해 발도르프 유치원 교실은 복잡한 장식을 의도적으로 해놓지 않는다. 자극적인 색를 피하고 시각적으로 편안함을 주는 자연스러운 색을 제공한다. 아이들을 위한 벽은 라쥬어 기법의 연분홍색으로 평안함과 안정감을 갖게 한다. 자연적인 색을 경험할 수 있도록 천연물감을 이용한 습식 수채화, 밀랍 크레용, 인형극 무대를 위한 아름다운 색의 실크 천 등의 장식은 영유아들의 시각적인 아름다움을 더해 준다. 영유아들의 건강한 시각 발달을 돕기 위해 발도르프유치원에서는 TV나 비디오 등의 영상은 제공하지 않는다.

8) 열감각

열감각 혹은 따뜻한 감각은 영유아의 건강한 성장 발달에 중요한 감각이다. 열감각이 발달한 사람은 열정이 넘치는 사람이다. 따뜻함은 신체발달과 오장육부 내장 기관 형성에 중요한 요소이다. 아이들은 따뜻한 기온 또는 차가운 기온을 영혼의 따뜻함과 차가움으로 경험한다. 발도르프 유치원 교실은 아늑하고 영혼의 따뜻함이 있어야 한다. 영유아들은 자신의 신체적 체온 조절 관리가 아직 미숙하여, 날씨가 추워도 스스로 장갑과 옷을 갖춰 입을 수 없다. 따라서 어른들은 추운 날씨에 영유아들에게 따뜻한 옷으로 체온을 유지해 줘야 한다. 그렇지 않을 경우 몸의 온도가 밖으로 빠져 나가 아이 신체발달에 해를 줄 수 있고, 그 냉기는 영혼에 차가움으로 이어지기 때문이다.

유치원에서 아이들은 청소, 빨래, 교실 정리정돈, 교실 밖 환경 가꾸기, 식물, 나무, 동물 돌보기 등의 활동을 통해 영혼의 따뜻함을 경험한다.

9) 청감각

청감각은 청각을 통해 소리를 서로 구분하게 하며 이를 통해 깊은 인상을 주는 감각이다. 영유아들의 마음에 긍정적인 인상을 심어주기 위해서는 아름답고 맑은 자연의 소리를 경험해야 한다. 청각을 통해 들어오는 소리를 듣는다는 것은 자신의 내면이 원하는 것을 잠시 멈추고 소리를 받아들이는 것이다. 영유아는 주위에 소음을 스스로 막아낼 능력이 아직 없다.

귀의 구조는 외이(外耳), 중이(重耳), 내이(內耳)로 구성되어 있다. 특히 이 기관들은 라디오, CD, TV 등 전자음에 노출되면 집중력이 약화된다. 영유아의 청감각을 발달시키기 위해서는 전자음인 기계음 보다는 사람의 목소리로 직접 노래하고, 이야기 들려주기 등이 청감각 발달에 좋은 자극이 된다. 따라서 영유아기에 인간의 목소리로 노래, 동화를 반복해서 들려 줄 때 안정감과 함께 청감각이 발달하게 된다.

10) 언어감각

언어감각은 언어를 통해 상대방에게 깊은 생각과 감정을 표현하기 위한 적절한 방법을 알게 해주는 감각이다. 언어감각이 잘 발달하려면 성장 과정에서 말을 정확하게 표현하는 어른의 본보기가 필요하다. 동일한 언어를 사용하는 사람들은 같은 사회와 문화 공유를 더욱 공고하게 하며 사회를 이해한다. 대화를 통해 언어의 집이라고 할 수 있는 전체 문화 경험을 전달 받을 수 있다.

영유아는 모방하기, 듣기 등 주고받는 과정을 통해서 말하기를 배운다. 영유아기에 TV나 스마트폰에 많이 노출되면 언어 지연 현상이 나타난다. 이에 반해 교사가 육성으로 들려주는 시나 전래 동요들은 말의 명확성과 언어에 진정한 느낌을 얻는 데 도움이 된다. 발도르프 유치원에서 자장가, 노래, 이야기를 육성으로 듣고 자란 유아는 향후 예술적 두각을 드러내는 것으로 나타났다.

11) 사고감각

사고감각은 다른 사람의 생각을 빨리 알아챌 수 있는 감각이다. 타인의 생각이 뜻하는 바를 이해하고, 파악하여, 머릿속에 떠올릴 수 있는 능력을 발달시켜 나가는 감각이다. 사고감각이 잘 발달하려면 이에 필요한 인내와 시간을 감내해야 한다. 외국 여행 경험을 살펴보면 언어로 전달은 불가능한데 서로의 생각을 알아차리게 해주는 경우가 많다.

발도르프 유치원의 아침 모임시간을 통해 아이들은 시, 운율이 맞는 전래 동요들, 계절 노래를 부르면서 생각을 엮어 간다. 움직임과 행하는 몸짓은 생각과 깊은 관련이 있다. 매일 이야기를 반복해서 들려주는 선생님이 마음속에서 떠올리는 생각은 아이들을 이야기 속으로 자연스럽게 초대하는 역할을 한다. 다른 사람의 생각을 알아채는 감각은 현대를 살아가는 우리에게도 중요한 메시지이다.

12) 자아감각

자아감각은 다른 사람의 의식 속의 '나'를 알아채는 감각이다. 자아감각은 12감각을 총괄하는 감각이다. 자아감각은 촉감각과 서로 유기적 관계에 있다. 양육자와의 편안했던 돌봄의 경험은 타인과의 원만한 인간관계 기술 발휘에 원천이 된다. 유아는 본능적으로 말하는 사람의 속마음을 읽어 낼 수 있다. 그 사람의 이면에 있는 진짜 존재를 알아챌 수 있는 것이다.

이상의 12감각들은 상호 의존하고 있으며 서로 깊게 관련되어 있다. 현대에서 12감각들의 건강한 발달을 위협하는 것들이 많다. 따라서 부모는 아이가 자신의 감각을 깨우고 12감각을 잘 발달시킬 수 있도록 기다려 주어야 한다.

4. 기질

발도르프 교육에서 아동의 기질 이해는 매우 중요하다. 기질을 알면 아이들의 삶을 알 수 있고 이를 근거로 아이들의 생활 태도, 삶의 방향을 제시할 수 있기 때문이다.

슈타이너의 기질론은 히포크라테스의 4체액설에서 출발한다. 우주와 자연의 4대 구성요소인 흙, 물, 불, 공기(地水火風)의 속성을 기초하여 우울질, 점액질, 담즙질, 다혈질로 몸의 기질을 구분하고 있다. 20세기 융의 '4대 심리적 기질론'은 1920년 슈타이너에 의해 알려지게 되었다. 4가지 기질 특성은 다음과 같다(로빈 잭슨, 2011).

1) 우울질

우울질은 내성적이고, 외부세계보다는 내적인 세계에 더 관심이 많은 유형이다. 신중하고 소극적이며 말이 없고 상처받기 쉬운 성격의 소유자다. 대체적으로 조용하고 진지하나 지나치게 생각이 많고, 작은 일에 마음을 쓰고, 완벽주의에 치우치기 쉬워 사소한 일로 시간을 허비하는 경우가 많다.

연민이 많고 지나치게 민감하고 실제 일어난 일보다 자신의 반응에 더 많이 사로잡혀있는, 감수성이 예민한 성격이다. 자기중심적이고 즐거움의 여유를 잃어 주변까지 어둡게 만드는 경향이 있다. 외모는 대체적으로 날씬하고 걸음걸이가 일정하며, 허리가 꼿꼿한 것이 특징이다.

2) 점액질

점액질은 다른 사람과 일상적인 삶에서 조화를 잘 이루며 나아가는 유형이다. 내적 조화로 안정감이 있고 조용하고, 인내심이 많다. 그러나 다소 게으른 인상을 주며, 대체적으로 타인에 대해 무관심하다. 꿈꾸는 듯 공상적이며 앉아 있기를 좋아하고 변화를 꺼리는 성격이다. 어떤 한 가지 일에 깊이 몰두하는 경향이 있고, 근면하며 감정 동요와 변화가 없고, 무표정하여 내심을 잘 알 수 없다. 배고픔을 참지 못하여 점심시간에 가장 먼저 식당을 향해 질주하는 유형이다. 외모는 대체적으로 퉁퉁하며 앞으로 약간 구부러지고, 어깨가 튀어나온 모습을 보이기도 한다.

3) 담즙질

담즙질은 선구자적인 유형으로 단단하고, 자기중심적인 특징이 있다. 확고한 목표와 의지력이 넘치는 열정적인 활동력을 가지고 있으며, 주도권을 갖고 자기 마음대로 하고자 하는 경향이 있다. 빠른 결단력과 확신이 강하나, 화를 잘 내고 성격이 급하다. 낙천적 사고와 개념화를 잘하나 타인에 대한 상냥함과 인정이 결여되어 있다. 지구력과 인내력이 있지만 자신을 해롭게 한 사람에 대해서는 보복 심리가 강하고, 자신의 정의감을 남에게 강요하기도 한다. 외모는 대체적으로 땅딸한 체격으로 넓게 벌어진 어깨, 짧은 목이 특징이다.

4) 다혈질

다혈질은 낙천적인 기질이다. 명랑 쾌활하고 밝으며, 순응적이고 타협적이지만 경솔하고 가벼운 유형이다. 기분이 변하기 쉽고, 순간적으로 어떤 하나에 열정을 쏟으나 마무리가 잘 되지 않는 성향이 강하다. 감정의 기폭이 심하고, 성격이 불안정한 측면이 있어 내면의 충분한 반성과 점검이 약하다. 우유부단하고 사회적 성공에 대한 욕구와 표현력이 강하다. 인생을 가볍게 생각하고 낙천적, 개방적 태도를 보인다. 타인을 즐겁게 만들고 편견이 없고, 자유로운 영혼의 소유자다. 대체적으로 날씬한 몸매를 지니고 있다.

II

발도르프 영아보육

발도르프 영아보육의 원리

슈타이너의 인지학적 관점에서는 인간을 영적인 존재로 바라본다. 아기의 탄생은 하늘 위 천상에서 영혼으로 있다가 육화되어 이 땅에 내려와 새로운 부모를 맞이하는 신성한 시간이다. 아기는 탄생을 통해 가족의 일원으로 환영받지만 낯선 이 지구에서 완전한 자아체를 갖고 살아가기 위해서는 대략 21년이라는 시간이 필요하다. 따라서 보호자는 여유를 갖고 따뜻한 보살핌 속에서 영아에게 안정적인 애착 형성이 이루어지도록 심혈을 기울여야 한다.

아이가 보내는 신호를 엄마가 민감하게 인지하고 그의 욕구를 즉시 충족시켜 줄 때 아이는 신뢰감 속에서 안정적 애착이 이루어진다. 안정적 애착은 향후 아이가 어떤 환경에 있든지 잘 적응할 수 있고, 어려움이 발생하더라도 이를 극복할 수 있는 힘의 근원이 된다. 일부 인지학자들은 신생아는 엄마와의 특별한 유대감 형성을 위해 적어도 40일 동안 분리되지 않고 같은 방에 있어야 한다고 주장한다(Francis Edmunds, 2004).

1. 영아기 발달의 이해

1) 임신과 출생

엄마는 자녀가 태어나면 세상을 다 얻은 것 같은 기쁨을 갖는다. 그러나 이러한 기쁨이 지나고 나면 엄마는 '이 아이를 내가 잘 키울 수 있을까' 하는 걱정과 불안이 생긴다. 그 이유는 지금까지 아이를 어떻게 키워야 잘 키우는지에 대해 실제적인 방법에 대해 배운 바가 없기 때문이다. 본 장에서는 아이를 건강하고, 지혜롭고, 생동감 있는 아이로 자라게 하는 데 통찰을 주는 발도르프 영아보육에 대해 살펴보고자 한다.

슈타이너의 인지학적 관점에서는 임신 10일~16일째부터 아이의 '자아'가 수정란 속으로 들어오는 것으로 보고 있다. 이 시기는 대부분 엄마 본인도 임신 되었다는 사실을 잘 인지하지 못하는 시기이다. 임신 8주 무렵부터 입덧이 시작되고 초음파 영상을 통해 심장 소리도 들을 수 있다. 태아는 엄마의 뱃속에서 나날이 성장하여 10개월이 되고 신장이 50cm 정도가 되면 자궁 안에서 나와 세상에 탄생하게 된다(크레용 하우수 (JAPAN), 2010).

2) 0-1세

신생아　신생아는 출생 후 4주까지를 말한다. 엄마의 자궁에서 나온 건강한 아기는 울음소리가 힘이 있고, 손과 발을 활발하게 움직이며 젖을 빠는 힘이 강하다. 출생시 신장은 50cm 전후이고, 체중 3.3kg 전후이고, 머리둘레는 평균 35cm이다. 신생아 신장은 1개월에 3~4cm씩 늘어나고, 체중은 하루 30~40g씩 1달에 1kg가 증가한다. 머리 중앙에 소천문은 생후 6~8주 정도에 닫히며, 대천문은 12~18개월에 닫힌다. 출생 시 몸무게가 2.5kg 미만인 경우 저체중아이다, 또 미숙아는 37주 미만에 출생한 아이를 말한다.

감각　시각의 경우, 신생아의 시력은 명암 정도를 확인할 수 있는 0.02 이하 정도이다. 4주가 지나면 20~25cm 범위 안에서 움직이는 물체를 볼 수 있다. 청각의 경우, 일정한 리듬을 지닌 소리나 부드러운 억양을 좋아한다. 오감 중 청각이 가장 발달되어 생후 20일경 엄마의 목소리를 구분한다. 촉각의 경우, 손바닥에 물체가 닿으면 잡으려하는 태도를 보인다. 후각의 경우, 엄마의 체취와 젖 냄새를 민감하게 알아차린다. 미각의 경우, 단맛을 좋아하는 반면 신맛과

쓴맛을 싫어한다.

출생 후 아기는 이유 없이 우는 경우가 종종 있다. 미국의 아동심리학자 아레타 솔터(2007)의 의하면 아기의 ¼ 정도는 이유 없이 운다. 아기의 울음은 상처를 처리하는 과정이므로 엄마는 편안하게 받아들이면 된다. 신생아는 하루 20~22시간을 잔다. 체온은 어른보다 높은 편이고 아기가 울거나 식사 시 체온이 올라간다. 신체로부터 수분 증발이 심하여 체온이 약간 상승하는 수도 있다. 호흡과 맥박이 성인에 비해 2배 반 정도 빠르고 불규칙하다. 1분 동안 40~50회의 호흡수를 보이고, 맥박은 140~180회를 보이나 4주 후 호흡은 30~40, 백박은 120~140로 낮아진다.

모유 모유에는 최고의 영양, 흡수력, 면역물질이 다량 함유되어 있다. 모유 수유 시 묽은 변을 보며 1일 3-4회 정도이고, 모유 수유 시 변 색깔은 난황색이다. 아기 출생 시 태변은 흑녹색으로, 끈적한 장내 분비물이 나온다. 태변은 24시간 내에 배설되고 2-3일 계속되며 시큼한 냄새가 나고 물기가 많으며 부드럽다. 분유 수유시 변색이 더 진하나 냄새는 거의 없다. 가끔씩 녹색변을 보기도 한다. 변의 횟수는 하루 1-3회이다.

반사 작용

모로반사: 갑자기 치거나 큰 소리를 듣게 되면 깜짝 놀라서 팔 다리를 쫙 폈다가 오므리는 현상을 말한다.

쥐기반사: 무엇을 쥐어주면 빼내기 힘들 정도로 그 물건을 꽉 쥐는 현상을 말한다.

빨기반사: 배고파할 때 신생아의 입가에 무엇을 갖다 대면 재빨리 물고 빠는 현상이 나타난다.

바빈스키반사: 발바닥을 간질이면 발가락을 쫙 폈다가 다시 오므리는 현상을 말한다. 4~6개월 경 소실된다.

신생아의 체온관리 주변 온도는 24~26도, 주변 습도는 50~60%가 적당하다. 신생아가 입은 옷은 피부에 직접 닿기 때문에 100% 면제품을 사용하는 것이 좋다. 땀띠 예방을 위해 온도 조절 및 청결 유지가 중요하고 안정감을 위하여 속싸개를 사용하여 편안함을 갖게한다. 목욕온도는 팔꿈치를 담갔을 때 38~40도로 느껴질 경우가 적당한 온도이다. 목욕 순서로는 얼굴 → 머리(샴푸) → 목, 가슴, 배 → 팔, 다리 → 손가락, 발가락 순서로 하면 좋다. 목욕 후 수유를 하는 것이 좋다.

신체발달 신생아는 생후 1개월에 머리를 든다. 생후 2개월 된 아기는 가슴을 들고, 생후 3개월이 되면 머리를 똑바로 든다. 생후 4개월은 가슴을 들 수도 있고, 큰소리로 웃고, 소리를 지르기도 한다. 청각이 발달하면 소리의 변별력이 생겨 가까운 가족들을 인식할 수 있다. 5개월이 되면 기어 다니기가 가능하고, 사회적 미소를 보낼 수 있다. 6개월이 되면 자신의 손을 마음대로 움직일 수 있어서 무엇인가 잡으려는 시도를 계속하게 되는데 이는 세상을 탐색하는 과정으로 인지적 지능을 닦는 중요한 방법 중 하나이다.

생후 7개월에 아래쪽 앞니부터 젖니가 나기 시작한다. 또 엎드리고, 자기의 몸을 순식간에 뒤집을 수 있다. 생후 8개월에 기기 시작한 이후 혼자 앉을 수 있으며, 생후 9개월에 붙잡고 선다. 생후 10개월에 직립이 가능하다. 이때 아기의 보행을 돕기 위한 보행기나 기구들은 필요하지 않다. 오히려 이러한 기구들은 아기들의 움직임을 제한하여 신체균형 발달에 악영향을 미친다.

생후 12개월에 손잡고 걸을 수 있고, 위아래 4개씩 이가 나온다. 아이가 직립하여 보행이 가능하다는 것은 스스로 신체적 움직임을 조절하며 어디든 갈 수 있는 자유를 얻었음을 의미한다. 스스로 걸을 수 있다는 것은 손과 팔이 자유로워져 내적 삶을 충족시킬 수 있고, 영혼이 균형을 찾을 수 있는 가능성이 생겼다고 본다. 그러므로 성인들이 해야 할 중요한 일은 아이의 성장과 발달을 함께 마음껏 기뻐해 주는 것이다.

3) 1-2세

아이가 출생한 지 1년이 되면 신장은 출생 시(50cm)의 약 1.5배로 커진다. 몸무게는 1년이 되면 출생 시(3.3kg)의 약 3배로 증가한다. 생후 13~15개월경 혼자 걸을 수 있으며, 달리기와 뒤로 걷기를 순차적으로 시작한다. 걷는 모양이 자연스러워지고, 두 발을 교대로 이동하여 계단을 오를 수 있다. 한 발로 서 있을 수 있고, 연필을 손에 쥘 수 있고, 수직선이나 수평선 그리기를 시도한다. 공을 발로 차서 의도한 방향으로 보낼 수 있으며, 발끝으로 걸을 수 있다.

16~18개월경 걷다가 자연스럽게 멈추거나 방향 전환이 가능하다. 18개월경부터 기저귀 갈이를 시작한다. 19~24개월경 난간을 붙잡고 계단 하나에 두 발을 올려놓을 수 있고, 식탁에 앉거나 자동차에 올라탈 수 있다. 또 유아용 농구 골대에 공을 던져 넣을 수 있으며, 컵을 들고 물을 마실 수 있다. 또 혼자 양말이나 신발을 벗을 수 있으며, 공을 다른 사람에게 굴려주거나 던질 수 있고, 지퍼도 내릴 수 있다.

신장은 24개월경이 되면 성인 평균 신장의 1/2정도로 성장한다. 체중은 24개월경이 되면 출생 시의 약 4배로 증가한다. 대부분 영아가 직립하고 걷기가 가능하면 언어 구사 능력도 나타나기 시작한다. 그러나 1년이 되어도 영아가 직립과 보행에 어려움이 있다면 언어 발달에 어려움이 있음을 인지해야 한다. 영아의 몸의 움직임 능력과 언어 구사 능력은 깊은 연관 관계를 갖고 있다. 그러므로 영아는 언어를 배우기 전에 움직임을 통해 걷기를 먼저 배워야 한다.

손과 발을 자유롭고 균형 있게 움직일 수 있는 능력을 갖추고 있어야만 언어가 발달한다. 영아의 언어는 생후 1년이 되면 평균 3가지 단어를 말하고, 1년 6개월이 되면 22개정도 단어를 말한다. 그 이후 언어 능력이 폭발적으로 발달하여 생후 24개월인 경우 1,000개~2,000개의 단어를 습득하며 영아들의 언어는 단어끼리 연결하며 언어가 습득된다. 따라서 영아들의 언어 능력 향상을 위해서는 생활과 직접적인 관련이 있는 단어와 문장을 사용해야 한다(라히마 볼드윈 댄시, 2000). TV나 CD 등의 기계적인 음은 아이의 삶과 의미 있게 연결이 되지 않으므로 언어발달 능력을 향상시키지 못하고 퇴보시킨다.

슈타이너는 영아들의 언어발달을 위해 영아들의 말실수를 교정하지 말고, 유치 언어 사용을 금하라고 한다. 예를 들어 '맘마', '까까', '빠방', '멍멍이', '응가', '쉬' 등의 표현은 오히려 영아들의 언어발달을 저해한다. 성인들이 사용하는 언어를 그대로 사용할 때 폭넓은 언어 구사를 할 수 있다. 맘마 대신에 '밥', 까까 대신에 '과자', 빠방 대신 '자동차', 멍멍이 대신 '강아지, 개', 응가 대신 '대변', '소변'이라는 올바른 용어 사용을 요구하고 있다. 주변에 언어를 정확하게 구사하는 어른들이 있다면 훨씬 바르고 정확한 영아의 언어발달을 이끌어낼 수 있다.

4) 2-3세

생후 24~30개월경에는 개인차가 있으나 팔다리가 빠르게 성장하여, 신장 대비 머리의 비율이 출생 시 1/4에서~ 1/5정도로 변화한다. 20개의 젖니가 모두 나오고, 골격이 단단해지고 근육섬유가 발달하여 자발적인 운동이 증가한다. 영아의 사고능력은 언어 습득 이후에 2살~3살 사이에 나타나기 시작한다. 인간은 언어가 먼저고, 그것을 이해하는 뇌의 능력은 나중에 형성된다. 먼저 언어를 가지고 있기 때문에 생각하고 사고할 수 있다는 것이다. 좋고 싫음이 분명해지면서 감정의 표현도 분명해진다. '사랑해', '슬퍼' 등의 기본적인 감정과 다른 사람의 감정을 이해할 수 있으며 공감적 표현을 할 수 있다. 감정변화가 심하며, 감정을 조절하려는 능력이 발달하기 시작한다. 자신의 화난 상태를 언어로 표현할 수 있다. 자신의 요구가 충족되지 않을 때 강한 분노를 표현하는 등 분노 표현이 최고조에 이른다. 어두운 곳이나 동물에게 공포를 느낀다. 소수의 또래와 짧은 시간 동안 놀이할 수 있다. 생후 3년이 되면 아이는 '나'라는 단어로 자신을 지칭하기 시작한다. 그 이전까지는 자신의 이름을 호칭하며 '○○꺼'라고 자신을 타인처럼 지칭하였다. 이러한 언어 사용은 자신이 다른 것과 분리된 존재로 인식하는 사고능력이 나타나기 때문이다. '나'라고 말하는 단계에 바로 이어서 '왜', '어떻게'와 같은 의문사를 넣어 용어를 사용한다. 이 시기에 성인들은 과학적이고 논리적인 답을 주고자 한다. 하지만 아이들은 그런 대답에는 관심을 보이지 않는다. 예를 들어 밤에 공원에서 '아빠 달님이 나를 자꾸 쫓아 와요. 왜 자꾸 따라 와요?'라고 했을 때 아빠는 자연과학적인 지식으로 아이에게 대답해 주기보다는 '응, 그래, ○○랑 집에서 같이 자고 싶은가봐. 집에 함께 가서 같이 자자'라고 대답해 주면 '응, 그렇구나' 하고 안도감을 갖는다. 따라서 이 시기에는 과학적 지식의 해답보다는 이미지를 느낄 수 있도록 답해 주는 것만으로도 충분한 시기이다.

2. 영아의 움직임과 뇌 발달

영아의 신체적 움직임은 아이의 뇌 발달에 많은 영향을 미친다. 영아들은 태어날 때부터 스스로 몸을 움직이고자 하는 신경생리학적 반응체계를 갖고 있다. 영아들은 주변의 감각적 반응에 따라 상대방을 쳐다보고, 소리에 반응하며 그곳으로 몸을 돌리며, 팔다리를 움직인다. 영아들은 몸의 움직임에 대한 즐거움을 느끼고 양육자로부터 편안한 돌봄을 받을 때 엔돌핀, 도파민 등의 신경전달물질이 활성화된다. 이러한 움직임은 뇌세포인 변연계에 광범위하게 영향을 주어 전체적인 뇌 발달에 영향을 준다.

영아 초기의 놀이는 대부분 환상적 요소가 없고 순수한 몸의 움직임으로 이루어진다. 머리를 들고, 어깨를 들고, 몸을 뒤집고, 기는 행동들은 영아 놀이의 한 종류이다. 좀 더 시간이 지나면서 앉고, 잡고, 서고, 걷고, 뛰기, 달리기 활동을 즐겨한다. 이러한 신체적 움직임은 근육이 성장하고 몸의 균형을 잡는 데 필요한 기능 숙달에 중요한 역할을 한다. 영아들은 끊임없는 움직임으로 많은 에너지를 사용하며 움직이며 무엇인가 배우고 있다. 움직임을 조정하기 위해 매일 수 없이 반복하여 눈의 초점을 조절하며 눈앞의 물건을 잡고자 한다. 이러한 신체적인 발달의 기초인 움직임은 뇌 발달에 중요한 초석이 된다. 영아들은 이러한 움직임을 통해서 자신에 대한 확신과 신뢰감을 발달시키고, 신체적 발달의 기초를 쌓게 된다. 영아의 신체적 움직임과 지능의 발달은 불가분의 관계에 있다(라히마 볼드윈 댄시, 2000. 재인용).

지능 발달에서 중요한 것은 영아의 활발한 신체의 움직임이다. 이러한 움직임은 향후 학습능력을 향상시킬 수 있는 중요한 기초가 된다. 또 영아의 움직임은 전반적인 뇌 발달 향상으로 인지발달 및 언어발달에 큰 영향을 준다. 아울러 움직임을 통해 문제 해결력이 향상되며, 자신과 신체를 배우고, 주위의 세계와 사람을 인식하며, 자신의 세계를 열어 놓을 수 있다(유진호, 2011). 영아들은 신체적 발달과정에서 각자 개별적인 시간표에 따라 발달하므로 외부의 자극이나 도움이 필요하지 않다. 영아는 자신의 몸의 움직임을 알고 스스로 자신에 맞는 움직임으로 자연스럽게 행한다. 이때 아이는 자신의 몸에 대해 예측하고 움직임을 실행하기 때문에 자신만의 안정감과 특성을 나타내 보인다. 이러한 영아의 신체적 움직임과 동작 발달에서 보이는 특성은 성장하여 자신에 대한 지각이나 정체성 확립에도 영향을 미친다. 슈타이너에 의하면 영아들에게 두드러지게 나타나는 것이 신진대사, 그리고 손과 발 시스템이다. 아이들은 끊임없이 손과 발을 움직이며 발달해 간다. 이러한 움직임을 통해 세상을 경험하고 배우고 경험하며, 다양한 움직임은 충분히 탐색하고 독립적으로 실험할 수 있는 가능성을 제공한다(에미피클러, 2005).

3. 영아의 놀이발달

영아는 놀이를 통해 세상을 알아간다. 영아의 움직임은 곧 놀이며, 손과 발은 장난감이다. 무의식적으로 자신의 손과 발을 갖고 놀게 되고, 이를 통해 다양한 형태의 배움, 학습이 일어난다. 영아는 몸의 중심을 잡으며 머리를 세우고, 몸을 뒤집고, 기고, 앉고, 서고, 걷기를 배운다. 이때 영아는 움직임을 통해 그것들이 어떻게 움직이는지 자신의 몸에 대해 터득하게 된다. 영아들은 하늘의 해를 향해 손을 뻗지만 하늘 위의 해와 달과 별을 잡을 수 없다는 것을 알게 된다. 이렇게 영아들은 손에 뭔가를 잡는 것을 통해 공간과 시간 그 외의 자연의 물리적인 법칙들을 알게 된다. 아울러 몸의 중심을 잡고 다양한 움직임을 즐겁게 배우면서 공간에 대해 더 많은 것을 알게 된다. 영아는 움직임 그 자체에서 순수한 기쁨과 즐거움을 갖는다. 영아 초기에는 영아가 먹고, 마시고, 전화 모방하기 등의 흉내 내기 놀이가 이루어진다. 영아들은 이렇듯 아직 놀이에 실용적인 목적이 없고, 주변의 사람들의 행동을 모방할 뿐이다. 이러한 과정을 통해 어려움을 뚫고 극복해 나가는 것을 배우고, 그 결과 성공을 체험하며 기쁨과 만족감을 경험한다. 영아의 움직임을 통한 발달을 향상시키기 위해 보행기나 비싼 유아용 기구는 필요하지 않다. 부모는 단지 간단한 일을 함께 하는 것으로도 충분하다(에미 피클러, 2014).

4. 영아의 환경과 놀잇감

1) 영아 환경

세상에 태어난 아기는 주변의 인상들을 내면으로 스펀지처럼 빨아들이나 그것들을 판단하거나 걸러낼 수 있는 능력은 없다. 따라서 영아가 이 세상에 서서히 적응하며 안착하기 위해서는 주변의 따뜻한 환경적 '보호막'이 필요하다. 이에 적합한 환경적 요소를 살펴보면 다음과 같다.

영아에게 가장 먼저 준비되어야 할 첫 번째 환경은 사랑을 가득 담아 아이와 상호작용을 잘 할 수 있는 엄마이다. 이어서 아기와 엄마가 하나가 되어 평화롭고, 아름답고, 심미적인 분위기 속에서 안정감을 느낄 수 있는 환경 제공이다. 이러한 환경은 엄마도 안정된 기분을 느낄 수 있기 때문에 자연스럽게 그 안정감이 아이에게 전달된다. 이러한 환경은 영아가 평화로운 일상을 지내는 데 많은 도움을 준다.

영아를 위한 두 번째 요소는 아이를 둘러싼 주변 물리적 환경이다. 영아가 거하는 집은 '보호막'과 같다. 영아에게 편안감을 갖게 하는 분홍 계통의 색으로 환경을 만들어 주면 시각적으로 편안함을 갖는다.

영아를 위한 세 번째 요소는 정리정돈된 환경 제공이다. 영아는 정갈하고 쾌적한 환경에서 편안함을 느끼며 지낼 수 있다. 영아는 그러한 가정에서 자신이 인정받고 있음을 느끼고 익숙한 세계에서 편안하게 성장할 수 있다.

네 번째는 바람직한 가치관과 정신의 환경이다. 가정을 통해 관계성을 기르는 것이다. 특히 부부관계, 부모와 아이와 관계, 그리고 보육교사와 어린이집에서 일하는 교직원들 사이의 인간관계도 영아의 심리적 발달에 큰 영향을 미친다. 여기서 바람직한 가치관과 정신이란 나는 누구인가, 나는 왜 이 일을 하고 있는가 하는 등의 의식을 말한다. 가정의 경우에는 자신들의 가족에게는 어떤 문화가 있는가, 어떤 종교적 가치관과 윤리성 및 도덕성을 중요하게 여기는가이다. 이상과 같은 내용을 고려하여 영아 환경을 제공해 준다면 아이들은 건강하고 생동감 있게 성장한다(크레용 하우수(JAPAN), 2010).

2) 영아 놀잇감

영아가 출생해서 3년 동안은 장난감이 필요하지 않다. 영아에게 중요한 일은 스스로 자신의 몸을 자연스럽게 움직임으로써 자신의 몸에 대해 익숙하도록 해주는 것이다. 이때 영아의 놀잇감은 손과 발이다. 이러한 손과 발을 통한 움직임은 어떤 장난감을 갖고 노는 것보다 큰 즐거움을 느낄 뿐 아니라, 아이 몸의 근육과 뇌를 발달시키는 중요한 일이다.

영아의 놀잇감이 필요하다면 다음의 원칙을 갖는 것이 좋다. 청각에 부담이 되거나, 시각적으로 자극을 주는 장난감은 좋지 않다. 생후 3~6개월 사이에는 하체를 활발하게 움직이기 때문에 발로 찰 수 있는 장난감이 좋다. 예를 들어 끈 달린 풍선을 발에 묶고 누워 발을 움직일 때마다 물체의 움직임을 아이 눈앞에서 확인할 수 있는 놀이가 좋다. 발을 찰 때마다 움직이는 풍선 놀이는 인과 관계가 있는 좋은 놀잇감이다. 영아는 직립 전에 등을 바닥에 대고 누워 있거나 엎드려 있는 것도 싫어하지 않는다. 이때 영아들의 놀잇감은 던지거나 떨어트려도 괜찮은 물건이 좋다. 이 시기에 영아 입속으로 들어갈 수 있는 2.5cm의 이하의 작은 놀잇감은 위험하다.

영아를 위한 모든 것은 안전해야 하며, 위험한 곳은 열쇠로 잠가 두는 것이 좋다. 어른들은 영아들이 주변의 위험물로부터 다칠 것을 염려하여 '안 돼', '위험해'라는 말을 자주 한다. 그러나 어른들이 주변을 마음대로 다닐 안전한 장소를 마련해 주면 '안 돼'라는 말이 필요 없다. 영아들은 주변을 탐색하고자 하는 의지가 강하기 때문에 '안 돼', '조심해'라는 말을 어른들로부터 수시로 듣게 되면 하고자 하는 의지가 발현되지 않는다. 따라서 영아들이 놀잇감을 갖고 맘껏 놀 수 있고, 어른들의 제재 없이 신체적 움직임을 자유롭게 할 수 있는 환경이 제공되어야 한다. 이렇게 어른들이 영아의 발달을 도와줄 수 있는 방법 중 하나인 안전한 환경 제공은 사람들과 편안하게 상호작용할 수 있기 때문에 무엇보다 중요하다.

영아에게 안전한 놀잇감으로 면 소재로 된 손수건, 손으로 잡을 수 있는 펠트 공, 크기나 색깔이 다른 공, 비치볼, 주방용품, 냄비와 주전자, 서로 포갤 수 있는 그릇, 뚜껑 달린 그릇들, 상자나 바구니, 물놀이 장난감, 장난감 전화, 나무로 만든 장난감 등 다양한 물건들을 다음과 같이 제공해 줄 수 있다(Rahima Baldwin Dancy,

2000).

- 원목으로 만든 미끄럼대
- 손수레, 그네
- 펠트로 만든 다양한 공
- 인형 유모차
- 천연 소재 인형
- 큰 종이 상자

5. 양육의 3가지 원칙

발도르프 영아 양육에서는 출생부터 건강하고, 행복하고, 생동감 있는 아이로 성장하기 위한 세 가지 원칙이 있다. 그 원칙은 다음과 같다(바바라 J 외, 2008).

첫 번째 원칙은 아이의 발달을 잘 이해하는 것이다. 아이를 키우면서 명심해야 할 부분은 아이 발달에 대한 이해이다. 아이가 보여주는 본질적인 특성을 이해한다면 전인적 발달을 위한 진정한 요구가 무엇인지를 알 수 있다. 자녀에게 많은 것을 요구하거나 기대해서는 안 되며, 그렇다고 너무 적게 요구해서도 안 된다.

두 번째 원칙은 따뜻함의 중요성이다. 이미 영아들은 엄마의 뱃속에서부터 따뜻함을 경험하였다. 그러나 영아 스스로 체온을 조절할 수 있는 능력은 아직 덜 발달되어 있다. 영아의 머리는 다른 신체에 비해 열 손실이 크기 때문에 머리와 몸 전체를 따뜻하게 감싸 주어야 한다. 더욱이 영아에게는 찬 음식보다는 따뜻한 음식을 제공해 줄 때 내장 기관의 활발한 활동을 도울 수 있다. 아울러 영아 주변에 따뜻한 사랑을 가득 담고 있는 사람이 많을수록 아이는 더욱 건강하게 자란다. 따뜻함이란 매개체를 통해 영아에게 의지가 스며들기 때문이다. 따라서 아기의 건강한 능력을 발달시키기 위해서는 따뜻하게 해주는 것이 중요하다.

영아는 자신의 체온을 스스로 잘 조절하지 못하므로 외출 시 항상 모자를 착용해야 한다. 많은 감각 인상의 중심이 되는 연약한 머리에 또 다른 보호층을 만들어주기 때문에 모자 착용은 중요하다. 또 외출 시 양말과 부드러운 실크 면 목도리 착용은 추위뿐만 아니라 더위로부터 아기를 보호할 수 있다.

세 번째 원칙은 리듬생활의 중요성이다. 리듬생활은 영아의 성장에 중요한 의미를 준다. 영아들은 아직 들숨과 날숨의 호흡이 안정적 리듬을 갖지 못한 상태이다. 그러므로 엄마가 여유를 갖고 보살핌을 하게 되면 아기들의 호흡기 기관이 건강하게 자라 가는 데 큰 원동력이 된다. 아이에게 리듬생활 제공은 편안한 안정감을 주고 새로운 환경에 대해 능동적으로 적응할 수 있는 힘을 주는 중요한 요소이다. 아이가 아침에 일어날 때 같은 노래로 아이 깨우기, 밥 먹을 때 정해진 식사 노래 부르기, 잠자리에서 이야기를 들려주기 중 하나를 선택해 시도한다. 단순한 행동이라도 반복해서 함께 해주면 아이는 심리적 안정감을 얻고, 부모 또한 불필요한 에너지 낭비를 줄일 수 있다.

영아가 아침부터 저녁 잠자리에 들 때까지 매일 반복해서 일어나는 활동들을 날마다 일정한 리듬으로 되풀이한다. 예를 들어 아침에 일어나는 시간, 식사하는 시간, 목욕하는 시간, 잠자는 시간 등을 일정한 리듬을 갖고 의식적인 예를 갖추어서 진행한다. 이러한 반복적인 리듬생활은 영아로 하여금 편안함을 줄 수 있고 아이 성장에도 건강함을 제공한다.

6. 영아보육 사례

1) 에미 피클러의 '아이의 선택을 기다린다'

에미 피클러(Emmi Pikler, 1902~1984)는 오스트리아에서 출생한 유대인으로, 헝가리 소아과 의사이다. 그녀는 소아과 의사로서 영아보육의 새로운 이론을 제시하였다. 헝가리 부다페스트에 '국립 영아교육연구소'를 설립하여 1946년~1978년까지 대표직을 역임하며 영아보육에 혁명적 변화를 보여 주었다. 피클러는 1930년대에, 아이들의 능동적인 몸 활동과 자율적인 움직임 발달의 중요한 가치를 깨달았다. 영아는 움직임을 통해 무엇인가를 배운다는 것을 인식하고, 양육하는 사람은 사랑과 신뢰를 듬뿍 담은 마음으로 아이를 관찰해야 한다. 그녀는 아이가 자신의 움직임을 통해 실험하고 관찰할 수 있으며, 자유로운 활동을 보장할 수 있는 안전한 환경 제공의 중요성을 주장하였다.

1946년 피클러는 헝가리 부다페스트 시의 요청으로 국립보육원 '로치 Loczy'를 설립했다. 그녀는 가정과 영유아교육 기관에서 어떠한 조그마한 폭력도 허락해서는 안 되는 보육방식을 제시하고 있다. 피클러는 폭력적 요소가 없는 양육방식이 시설에서 장기간 생활하는 아이들에게 발생하는 수동적이고, 삶의 의지가 없는 무기력 증세인 시설병(Hospitalismus)을 예방할 수 있다는 것을 증명해 냈다.

피클러는 출생 후 첫 3년이 아이에게 대처능력과 안정적인 애착이 형성되는 시기로 매우 중요하게 여겼다. 그녀는 아이들이 건강한 출발을 하도록 확실히 지원하였다. 세계보건기구의 후속 연구는 '로치 Loczy'의 아이들이 입양 후 가정생활에 얼마나 잘 적응했는지 기록했다. 그들은 일반 가정환경에서 자란 아이들과 마찬가지로 잘 적응하는 것으로 조사되었다. 또 이들이 성인이 되었을 때, 그들은 결혼하여 자신의 아이들을 잘 키우고 있었고, 훌륭한 헝가리 시민으로 살아가고 있음을 보여주었다.

피클러는 아이들의 사고 통계를 연구하면서, 부유한 집에서 유모들에 의해 과잉보호를 받고 자란 아이들이, 이동의 자유를 제한하지 않은 아이들보다 골절과 뇌진탕과 같은 심한 부상을 더 자주 입는다는 사실을 발견했다. 거리에서 놀고 넘어지는 법을 배운 아이들은 분명히 그들의 신체적 능력과 한계에 대해 잘 알고 있다.

피클러는 아이들이 마음껏 놀며 움직이게 하는 것이 얼마나 중요한지를 주장하였다. 그녀는 아이들에게 보행기와 같은 보조적 기구가 필요하지 않다고 하였다. 어른들이 아이를 간섭하지 않고 자극하지 않는다면 아이들은 자연스럽게 앉고, 서고, 걸을 수 있는 대근육을 더 잘 사용할 수 있다. 오히려 아기의 움직임을 제한하는 것이 아이의 운동 발달을 방해할 뿐만 아니라 인지 및 사회성 발달과 성격 형성에 부정적 영향을 준다고 주장하였다.

또 자유롭게 움직일 수 있는 아기가 다음 발달 단계로 나아가는 데 필요한 기술을 '연습' 할 수 있다고 하였다. 비록 신생아라고 하더라도 그들은 온전한 가치를 지닌 존재이므로 존중하는 마음으로 대하여야 한다. 아울러 영아는 발달에 각자 다른 속도를 갖고 있기에 어른들은 아이에게 안전한 보호막 역할이 되어야 한다. 피클러는 성장발달의 중요한 양육의 두 가지 원칙을 제시하고 있는데 내용은 다음과 같다(에미 피클러, 2014).

(1) 영아 존중과 협력적 돌봄의 원칙

피클러의 양육의 조언은 간단명료하다. 부모는 자녀 성장과 교육에 대한 사소한 욕심을 내려놓아야 한다. 그리고 영아의 실제 욕구들을 세심하게 관찰하며, 끈기와 인내심을 갖고 아이 각자의 성장 속도를 읽어 낼 수 있어야 한다. 따라서 양육자는 아이가 자신의 속도로 자연스런 발달을 할 수 있도록 시간과 공간을 확보해 주며 아이의 선택을 기다려 줘야 한다.

피클러가 주장하는 가장 이상적인 발달의 첫 번째 원칙은 출생 후 3년 동안은 어른과 '함께' 하기이다. 여기서 '함께' 하기란 아이의 생리적 욕구들을 해결할 때 어른이 취해야 하는 태도를 말한다. 아기의 일과 중 먹이기, 씻기, 재우기, 기저귀 갈이 등과 같은 행위에서 어른의 내적 자세, 태도의 중요성이다. 어른은 분주한 모습보다는 안정되고 차분한 자세로 일과에 임해야 한다. 아이의 돌봄을 행하기 전 아이와 눈을 마주한 후 무엇을 할 것인지에 대한 아이와의 소통이 이루어져야 함을 강조하고 있다. 양육자는 아이에게 일과 행동에 대해 사전 예고를 하고, 영아가 이에 동의하는 긍정적 모습을 보이면 그때 양육자와 아이의 공동 작업이 일어나도록 하는 것이 돌봄의 포인트다. 다음은 피클러가 제시하는 기저귀 갈아줄 때의 협력적 돌봄의 예이다. 기저귀 갈이를 아이에게 알리고 기저귀를 아이에게 보여주며, 아이가 예고된 행동에 긍정적인 태도를

보일 때 동작을 개시하고, 또 다음 동작을 예고하며 기다려 주는 예
이다.

> 엄마: '은지야~ 기저귀가 젖었어요. 새 기저귀로 갈아야 해요.'라고
>   말한다.
>
> 아이: 엄마를 쳐다 본다.
>
> 엄마: '기저귀를 갈아야 돼요'라고 말한 후 천천히 기저귀를 벗긴다.
>
> 아이: 웃고 있다.
>
> 엄마: '이 물티슈로 엉덩이를 닦아 줄 거예요.'
>
> 아이: 웃는다.
>
> 엄마: '한 번 더 닦아 줄 거예요. 이때 새 기저귀와 로션을 아이에
>   게 보여 준다.
>
> 아이: 은지는 웃으며 기저귀를 만진다.
>
> 엄마: '그래, 기저귀를 갖고 있어요.' 하고 아기 손에 기저귀를 잡게
>   한다
>
> 아이: 웃는다.
>
> 엄마: '이 로션을 엉덩이에 발라 줄 거예요.' 로션을 보여준다.
>
> 아이: 웃는다.
>
> 엄마: '우리 아기 기분 좋아요.' 하고 말한 후 다시 새 기저귀를 보
>   여 준다.

아이: 웃는다.

엄마: '이 기저귀 입혀 줄 거예요.'

아이: 저항한다. 잠시 기다린다.

엄마: 천천히 새 기저귀로 갈아준다. 내복 자리를 보여 주며 '내복
바지를 입을 거예요.' 내복 바지를 보여 준다

아이: 웃는다.

엄마: 웃어준다. '네가 준비될 때까지 기다릴게.'

아이: 바지를 입으려고 발을 든다.

엄마: 웃는다. 천천히 바지를 입는다.

아이: 미소 짓는다.

엄마: 아이를 안아 준다.

매일 반복되는 기저귀 갈이 때 위 과정을 반복하면 영아는 예측이
가능해진다. 그러면 영아도 기저귀를 갈아 줄 때 몸에 힘을 주거나
거부하지 않기 때문에 돌보는 과정이 수월해지며 또 협력하고자 하
는 모습이 증가하게 된다. 이것이 바로 엄마와 아이가 공동으로 협
력을 하는 것이다. 영아와 엄마가 온전한 관계 맺음이 진행될 때 건
강한 애착 형성이 이루어진다. 이렇게 돌봄의 함께하기가 질적으로
채워지면, 영아는 그 만족감을 가지고 혼자하는 놀이에도 집중할 수
있다. 이러한 일상은 모든 일과 안에서 적용 가능하다. 엄마가 바쁘

다고 서두르거나 무력을 쓰는 경우, 아이가 협조하지 않고 버티거나 우는 경우가 허다하다. 따라서 아이가 협조하지 않고 버티는 경우 주 양육자는 현재 자신의 내면 상태를 점검할 필요가 있다.

피클러는 아이가 엄마와의 상호작용을 함께 할지, 반대로 할지는 영아기에 일찍 결정된다며 소통의 중요성을 강조했다. 비록 영아이지만 아이와의 소통 방법은 언어적 대화뿐 아니라 여러 가지 형태의 비언어적 요소들을 통해 이루어지기 때문에 영아를 존중하는 자세가 매우 중요하다. 이렇게 3년 동안, 사랑이 가득한 어른과의 따뜻한 존중의 관계 맺음은 향후 안정감 있고, 생명력과 가능성 있는 아이로 성장하는 데 큰 힘의 원천이 된다.

(2) 자율적 움직임의 시간 확보 원칙

아이의 이상적인 발달의 두 번째 원칙은 아이 스스로 행할 수 있는 자율적 움직임의 시간 확보이다. 이는 누구에게도 간섭받지 않는 상태에서 영아 자신의 자율적 움직임과 행위가 이루어짐을 말한다. 피클러는 아이들이 각자의 신체적 움직임들을 발달시키는 과정에서 자신만의 개별적 시간의 척도를 인지함을 중요하게 여긴다. 어른이 아이를 자극하는 일이 없다면 아이는 움직임을 자연스럽게 배운다. 이때 아이는 스스로 배우기 때문에 움직임에서 커다란 안정감과 자신만의 특성을 나타내 보인다. 따라서 어른들은 아이에게 어떤 자극이나 제시를 하지 않는 것이 바람직하다. 이렇게 아이들에게는 스스로 움직이는 놀이를 통해 다양한 형태의 배움과 학습이 이루어진다. 아이는 움직이는 능력을 발달시키는 과정에서 뒤집기와 배밀이, 기기, 뒹굴기, 앉기, 서기와 걷기를 배운다. 이때 아이들은 몸의 움직임들을 통해 그것을 어떻게 사용해야 하는지에 대해 본능적으로 알게 된다. 이러한 과정을 통해 스스로 하는 것을 배우며 어떤 것에 관심을 가지는 것, 적극적으로 무엇인가에 도전하는 실험정신을 배운다. 또 아이는 인내심을 갖고 어려움을 뚫고 나아갔을 때 결과에 대한 성공적 체험을 통해 기쁨과 만족감을 배운다.

어른은 아이의 놀이 짝이 되어 주거나 놀이 과정에 개입해서는 안 된다. 교사의 중요한 과제는 아이와의 안정된 정서적 관계 맺기이다. 아이가 관심과 끈기를 가지고 즐겁게 주변 환경을 탐색할 수 있는 환경을 마련해 준다. 그러한 환경 속에서 양육자와의 사랑스러운 관계 맺음이 이루어지며, 협력적인 돌봄을 받는 동안 아이는 보호받음과 안정감을 체험한다. 아울러 아이가 개별적인 속도에서 자유 놀이에 몰두하기 위해서는 어른들에 의해 준비된 환경이 요구된다. 그 환경은 아이가 자신의 관심을 위험 없이 따라갈 수 있으면 충분하다. 영아에게 비교적 작은 도전을 해나가며 다음 발달의 기회를 공간적으로 만들어주면 된다. 영아 스스로 자연스러운 발달을 할 수 있도록 양육자는 시간과 공간을 확보해 주어야 한다. 이렇게 아이들의 개별적인 속도를 존중하는 어른에 대해 아이들은 신뢰감이 생겨 자신을 돌보는 동안 협력적인 돌봄의 관계가 이루어진다. 이러한 '영아 존중과 공감 및 협력적 돌봄'의 원칙은 피클러 영아 보육학과 슈타이너의 영유아교육학이 같은 맥락에서 강조되고 있다(에바 칼로 외, 2014).

2) 마그다 거버의 '영아 존중법'

마그다 거버(Magda Gerber, 1910년-2007)는 헝가리에서 태어나 프랑스 소르본 대학에서 언어학 박사학위를 받았다. 그녀는 자녀의 소아과 담당의였던 에미 피클러(Emmi Pikler) 박사 가르침인 영아보육에 매료되어 부다페스트에서 유아교육 석사 학위를 취득했다. 그녀의 영아 돌봄에 대한 열정의 씨앗은 피클러에게서 영향을 받았으며, 피클러의 이론 중 많은 부분을 자신의 철학에 통합했다. 마그다 거버의 '영아 존중 육아법'은 0세부터 24개월까지 부모와 아이가 서로 존중하는 법을 제시하고 있다. 거버는 부모나 교사가 행복한 아이를 키우도록 도움을 주는 RIE(Resources for Infant Educarer)의 창립자이기도 하다.

거버는 1978년에 가정에서도 쉽게 실천할 수 있는 '영아 존중 육아법'을 제시하였다. '영아 존중 육아법'은 미국 영유아교육의 교과

서가 되어 전 미국에서 활용되었으며, 현재까지도 부모들로부터 최고의 육아법으로 인정받고 있다. 거버는 말이 통하지 않는 영아들과 소통하는 법을 배워가며 존중 육아법을 완성하였다. 거버는 육아에 있어 무엇보다 중요한 것이 '존중'임을 강조하였다. 영아 존중 육아의 핵심은 '아이를 많이 관찰하고 부모가 적게 개입하기'이다. 다수의 부모들은 아이의 요구와는 상관없이 부모가 적극적으로 개입해 아이가 처한 상황을 해결해 주고자 한다. 이러한 부모들의 행위는 아이가 세상에 적응하면서 배우고, 키워 나가야할 문제 해결 능력의 기회를 빼앗는 것이다. 즉, 아이가 자유롭게 탐험하고 놀 수 있도록 해주고, 아이가 스스로 세상을 배워 나가도록 기다려 준다면 아이의 몸과 두뇌는 충분히 성장한다.

아이는 즐겁게 노는 법을 알고 있으므로 따로 가르쳐 줄 필요가 없다. 부모가 놀이에 개입하는 순간 아이의 집중력은 놀이보다는 부모를 향하게 되고, 아이가 하는 일을 막는 것이 된다. 누구에게도 간섭받지 않는 아이들의 놀이는 집중력을 향상시키고, 집중력의 범위를 늘려 간다. 따라서 아이를 위한 부모 간섭은 아이의 주의를 산만하게 하므로 삼가야 한다. 부모가 적극적으로 무언가를 가르치기보다는 아이가 스스로 배워가도록 부모는 한 걸음 뒤에서 아이의 선택과 집중을 존중한다. 거버의 영아 존중 육아의 기본 원칙은 다음과 같다(마그다 거버 외, 2014).

- 아이를 믿고 응원하라.
- 놀이에 간섭하지 마라.
- 아이에게 일관성 있게 대하라.
- 3세까지는 장난감이 필요 없다.
- 아이와 끊임없이 대화하라.

마그다 거버의 영아존중 육아법은 부모가 매일 일상에서 이루어지는 수유하기, 기저귀 갈기, 목욕시키기, 옷 갈아입히기, 수면, 배변, 외출하기 등 다양한 상황에서 어떻게 아기를 존중하며 육아할 수 있는지 친절하게 제시해 주고 있다. 다음은 영아 존중의 육아법을 기초한 영아 '옷 갈아 입히기'의 예이다.

엄마: 누워있는 아기를 보며, '이제 잠옷을 벗고 옷을 입을 시간이
　　　예요.'라고 말한다.
아이: 올려다보고 웃으며 눈을 마주친다.
엄마: '잠옷을 벗어. 팔을 빼는 것 좀 도와줄래요?'
아이: 웃고 있다.
엄마: '내가 도와줄게.' 엄마가 아이의 팔을 소매에서 살며시 빼낸다.
아이: 웃는다.
엄마: '다른 팔을 빼주세요.'

아이: 아이가 다른 팔을 빼낸다.

엄마: '내가 잠옷 윗옷을 머리 위로 올려줄게.' 엄마는 그것을 부드
럽게 해낸다.

아이: 울기 시작한다.

엄마: '내가 얼굴 위로 잡아당기는 것을 싫어하는군요.' 엄마는 멈
칫한다.

아이: 웃는다.

엄마: '발 좀 빼줄래요?'

아이: 웃는다.

엄마: '발 빼는 걸 도와줄게요.'

아이: 저항한다.

엄마: '잠옷에서 발을 빼고 싶지 않을 거예요.'

아이: 웃는다.

엄마: 웃어준다. '네가 준비될 때까지 기다릴게요.'

아이: 잠옷에서 발을 빼낸다.

엄마: 웃는다.

아이: 미소 짓는다.

위 상황은 엄마가 아이와 어떻게 서로 존중하며 천천히 상호작용
하는지를 보여주는 좋은 예이다. 마그다 거버의 영아존중 보육은 피

클러의 영아 존중 그리고 협력적 돌봄의 원칙과 맥락을 같이하고 있다. 피클러와 거버 모두 '아이의 선택을 기다리는' 영아 존중 육아법을 제시하고 있다.

3) '발도르프 아기교실' 개강

2015년 3월 저자는 영아의 움직임의 중요성과 영아 존중을 적용한 '발도르프 아기교실'을 개강하였다. 최근 백화점, 문화센터에서 젊은 엄마들이 아이들과 함께하는 영아 프로그램이 증가하고 있다. 대부분의 백화점 문화센터에서는 자녀교육은 '빠르면 빠를수록 좋다'라는 교육적 슬로건 아래 엄마와 아이들을 모집하고 있다. 그러나 백화점 문화센터 프로그램을 보면 건강한 영아 발달을 고려하지 않은 내용들이 대부분이다. 우선 환경적으로 시각적 자극이 심하다. 밝은 조명과 고음의 음향과 대형 거울 설치 등은 영아들에게 안정감을 갖게 하는 데 방해가 되는 환경들이다.

저자는 '발도르프 아기교실'을 통해 아이들이 끊임없이 움직이며 자신의 움직임을 통해 스스로 배워 나가는 능동적인 존재임을 인식하게 하였다. 또 부모에게 한발 뒤로 물러나 아이의 자율적인 움직임을 관찰하고 자신의 시간 속도에 맞추어 성장하도록 아이를 존중하는 방법을 제공하였다.

'발도르프 아기교실'은 주1회 과정으로 오전 10시부터 11시30까지 진행한다. 최대 6명의 아이들과 엄마 총 12명이 정해진 시간에 정해진 위치에서 영아들은 스스로 움직이며 놀고 부모들은 자녀들의 놀이를 관찰하도록 하였다.

아이들의 놀이교구로는 피클러 사다리, 시소 및 계단, 손으로 잡을 수 있는 작은 공들, 서로 포갤 수 있는 플라스틱 그릇, 컵, 쏟을 수 있는 마로니아 열매 바구니 등 간단한 놀잇감이 제공되었다. 중요한 것은 어른들의 간섭 없이 마음껏 움직이며 놀잇감을 갖고 마음껏 놀 수 있도록 하는 환경적 제공이다.

부모들이 아기교실에 들어오면 먼저 각각의 면 시트 위에 아이들을 눕힌다. 아이들의 안정감을 위해 엄마들은 안전한 기지가 되도록 정해진 자리를 이탈하지 않고 그 자리에 앉아 있는다. 엄마들은 아이들의 활동과 움직임에 개입을 최소화하였다. 아이들이 '발도르프 아기교실'에 참여하는 시간이 증가할수록 활동 범위가 점점 더 넓어져 갔다. 부모들은 아이들을 지속적으로 관찰하며 아이의 움직임과 다른 아이들과의 상호작용과 갈등 관계 등을 관찰했다. '발도르프 아기교실'에 참여한 엄마들은 아이의 발달에 대해 정확하게 이해했고, 아이가 건강하게 성장하는 데에 부모의 역할이 무엇인지 깊이 깨닫기 시작하였다. 아이들도 생명감 있고 자신감 넘치는 모습으로 성장하는 것을 확인할 수 있었다.

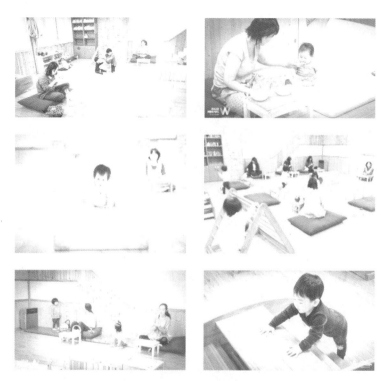

〈그림 2-1〉 '발도르프 아기교실' 놀이 모습

Ⅲ

발도르프 유아교육

4장

발도르프 유아교육의 원리

1. 유아기 발달의 이해

　유아기인 만 3~5세에는 신체적 발달과 함께 언어기관이 성장 성숙되어 가면서 복합음운과 완성된 문장구조를 구사하기 시작한다. 이 시기의 아이는 사소한 의식과 습관을 형성하며, 그림책과 이야기하기를 좋아한다. 노래와 시를 반복해서 들려주어도 지루해하지 않고, 반복을 통해 많은 판타지가 활발하게 펼쳐진다. 유아기에 모든 에너지는 신체와 기관 발달 형성에 쓰여야 한다. 따라서 이 시기에 너무 일찍 인지학습이나 사고 활동에 에너지를 사용하면 뇌 발달과 신체발달에 위험성이 따른다. 유아기의 신체적 몸의 완성 시점을 알리는 이갈이 전까지는 모든 에너지가 신체 만드는 곳에 사용되도록 주의를 기울여야 한다. 만약 그렇지 못할 경우 아이는 모방에서 뒤처지고, 심리적으로 불안정해지며 신경적으로 예민해질 경향이 많고 신체가 불균형하고 허약하게 될 위험이 높다.

만 4~5세에서는 외형적인 전반적인 모습에서 학령기 아동의 모습으로 변화가 일어난다. 특히 유치가 영구치로 바뀌는 이갈이가 시작된다. 이 시기에 이갈이나 한 손으로 반대편 귀를 잡을 수 있는 모습은 몸이 다 만들어졌다는 표시이다. 따라서 이 표시는 유아기를 벗어나 아동기로 넘어가는 싸인이다. 뇌 발달에서도 장기 기억의 능력이 나타나기 때문에 학습이 가능해진다.

만 5세가 되면 아이는 가끔 혼자만의 시간을 갖고 싶어 한다. 주변에 장난감이 많음에도 지루함을 호소하고 무기력하고 매사가 재미가 없어져 '심심해'라고 자주 말하곤 한다. 이 시기에는 아이들은 예민해지고 자주 우는 행동이 나타난다. 그러므로 이 시기에는 어른

〈그림 3-1〉 만 5세아 반대편 귀잡는 모습과 이갈이 모습

들은 특별한 보살핌이 요구된다. 이 시기를 잘 보내면 생명력 있고 힘있는 목적 지향적인 발달 단계가 시작된다. 만 6세부터 아이의 몸에는 신진대사계가 완성되어 간다. 생존과 성장을 위해 섭취한 영양분이 몸 구석구석으로 이동해 새로운 세포를 생성한다. 또 몸에 필요한 화학물질을 만들어 신체를 제대로 작동시킬 수 있는 오장육부 장기들이 완성되는 시기이다.

만 7세가 되면 아이는 근육이 유연해지며 대근육운동과 소근육운동이 분화된다. 다리와 발, 팔과 손으로 능숙하게 공을 던지고 받는 것이 가능하고 평균대 위에서 몸의 균형을 잡고 걸을 수 있다. 즉, 팔다리와 손발의 협응 운동이 가능하고 자유로워진다. 이때 아이들은 자신이 체험한 내용을 정확하게 이야기하고 표현할 수 있다. 또 표현을 더 구체적으로 더 많이 지각하고 보다 의식적으로 대하는 태도가 나타난다(콤파니외, 2013).

2. 리듬의 원리

발도르프 유아교육에서는 아이의 건강을 위해 리듬 생활을 강조한다. 슈타이너는 '리듬 생활을 하는 것은 우주를 재창조하는 것이다'라고 할 만큼 아이 삶의 리듬 생활를 중요하게 여긴다. 특히 성장기에 있는 유아에게는 내면의 것을 발산하는 날숨의 호흡과 외부세계의 것을 내면으로 받아들이는 고요한 들숨 호흡의 균형으로 하루의 일상이 계획되어야 한다. 생명의 리듬인 들숨과 날숨을 리듬 있게 안정적으로 반복할 때 몸이 건강을 유지될 수 있고, 건강한 삶으로 살아 가는 힘을 길러 준다. 유아 교사는 이러한 리듬 생활의 의미를 알고 아이들을 만나야 한다. 리듬생활은 새로운 환경에 대해 능동적으로 적응할 수 있는 힘을 주고, 조화롭게 살아가는 데 삶의 근원적인 힘을 체험하게 하는 요소이다. 인간발달 본성인 '자연의 순리' 삶의 리듬 생활이 유아기 성장에 중요한 의미를 준다.

우주 전체와 자연 세계는 같은 리듬 속에서 움직이고 있다. 태양이 뜨고 지는 것, 달이 차고 기우는 것, 별의 움직임, 바다의 밀물과 썰물, 4계절의 변화, 꽃이 피고 지는 것, 1년 리듬, 월, 주, 하루가 모두 리듬 속에서 움직이고 있다. 식물의 성장이나 인간과 동물의 수면과 깨어남 등의 리듬은 자연의 리듬에 영향을 받는다(김정임, 2008).

인간은 호흡, 심장박동, 맥박 등은 출생과 동시에 신체 리듬체계에 맞추어져 있다. 그러나 영아의 호흡이 불규칙하고 심장이나 맥박 수가 일정하지 않은 것은 아직 생명의 리듬이 완전하게 형성되지 않았기 때문이다. 이 생명의 리듬을 잃으면 몸에 병이 온다. 인간의 삶은 자고 깨어남, 식사와 소화, 신체적인 것과 정신적인 것 등의 두 극 사이에서 리듬의 움직임을 알 수 있다. 유아들은 아직 다양한 리듬을 스스로 만들 수 없기 때문에 매일 반복적이고 규칙적인 생활 리듬을 어른들이 만들어 주는 것이 중요하다.

유아들은 가정이나 유치원에서 행해지는 일을 미리 예측할 수 있어야 안정감을 갖게 된다. 이러한 안정감 속에서 아이들은 세상을 발견하고 신뢰하면서 외부 환경과 상호작용하며 발달해 간다. 예를 들어 아이들이 아침에 일어나는 시간, 밥 먹는 시간, 잠자는 시간을 일정한 시간에 반복하면 자연스럽게 이후에 일어날 일의 대해 예측 가능하여 그 일을 어렵지 않게 수행할 수 있다. 부모들은 바쁜 삶을 살아가기 때문에 의식적으로 자녀의 리듬 생활을 만들어 주기가 쉽지 않다. 그러나 리듬 생활의 중요성을 아는 교사라면 유치원에서 들숨과 날숨의 리듬 생활을 제공해야 하고, 이는 아이, 엄마, 교사 모두에게 여유를 주어 양육에 안정감을 준다(김영숙, 2019).

발도르프 유치원에서는 아이의 들숨과 날숨으로 이어지는 리듬 생활로 하루일과가 진행된다. 들숨은 자신을 안으로 들어오게 하는 것으로 공동체 활동, 식사, 낮잠 등이 해당된다. 날숨은 자신을 밖을 향하여 발산하는 것으로 자유놀이, 예술활동 등이다. 유치원에서 아침 등원 후 자유놀이 시간은 숨을 내쉬는 날숨의 리듬이고, 그 다음은 아침모임 시간으로 숨을 들이쉬는 들숨의 시간으로 이어진다. 그 다음 날숨으로 산책하러 밖으로 나간다. 다시 들숨으로 원내로 들어와 조용히 동화를 듣고 점심 식사를 한다. 점심 식사 후 간단한 놀이 시간으로 날숨을 갖고 다시 들숨인 낮잠 시간을 갖는다. 낮잠을 자고 일어난 후 잠자리를 정리하는 신체적 움직임을 통해 날숨을 갖고, 다시 간식 시간으로 들숨을 갖는다. 오후 간식 후 간단한 움직임의 날숨을 갖고, 하루를 마무리하는 교사와의 조용한 시간인 들숨을 하며 부모님을 만나 귀가하게 된다.

유치원에서 아침 등원하고 자유 놀이 시간인 날숨으로 시작하여 귀가 시에는 들숨으로 마무리되는 리듬을 지속적으로 반복 진행할 때 아이들은 편안하고 안정적이며 하루가 예측 가능한 시간으로 이어져 부모와 떨어져 있는 긴 시간도 편안하게 지낼 수 있다. 영유아들의 낮과 밤의 리듬, 하루의 리듬이 익숙해지면 일주 리듬, 매월의 리듬, 4계절의 리듬, 일 년의 리듬을 만들면 된다. 1년의 리듬으로 설날이나 추석은 물론 입춘, 단오, 칠월칠석, 하지, 동지, 성탄절 등 주요 절기가 있다. 이 절기에 맞춰 아이와 함께 절기와 관련된 이야기를 나누고, 전통 놀이를 즐기는 축제의 리듬을 매년 반복해서 즐기고 참여한다. 아이들의 이러한 리듬생활은 아동이 삶의 원리와 방향을 배우기 위한 습관을 형성하는 데 중요한 교육적 의미가 있다.

3. 모방과 모범의 원리

발도르프 유아교육에서는 모방이 학습 원리이다. 유아는 태어나면서부터 모방을 통하여 세상을 학습할 수 있는 능력을 갖고 있다. 아이는 세상에 대해 열려 있고 그 세상 안에서 모방을 통해 세상을 배워간다. 주로 유아들은 모방을 통하여 학습하기 때문에 그 대상이 되는 부모, 교사의 영향이 중요하다(석진미, 2006).

슈타이너는 성인과 유아와의 관계를 모범과 모방으로 표현하고 있다. 유아는 가르침을 통해 세상을 배우는 것이 아니라 모방을 통해 배우게 된다. 따라서 유아 주변에는 반드시 모범이 될 수 있는 성인이 필요하다. 특히 언어습득 과정과 신체발달 형성과정을 보면 아이가 모방하는 존재임을 알 수 있다. 아이들의 언어습득은 성대에 소리가 새겨짐과 동시에 모방의 대상을 있는 그대로 수용한다. 또 영유아가 외국어를 배울 때에 특별히 가르쳐 주지 않아도 일상생활에서 자연스럽게 발음을 정확히 배울 수 있는 것은 바로 성대에 소리가 새겨지기 때문이다.

동물과는 달리 인간은 모범이 될 만한 성인이 없는 환경에서 '인간답게' 성장할 수 없다. 즉, 생활에서 삶을 배우기 때문이다. 그러므로 아이들은 교사의 가르침에 의해서가 아니라 스스로 타고난 능력인 모방을 통해 성장이 이루어진다. 따라서 유치원에서의 교사의 역할은 하루 리듬 안에서 이루어지는 것과 주, 월, 년 리듬 안에서 이루어지는 일들을 즐거운 마음으로 행하는 것이다. 아이들은 교사의 행위하는 모습을 보고 유아는 보이지 않는 모방의 대상이 되고 교사들은 모범이 되는 상황이 이루어진다. 발도르프 유아교육에서는 생활이 곧 교육이고 성인의 올바른 모습이 곧 유아의 교육대상이 된다(윤선영, 2000)

4. 질서의 원리

발도르프 유아교육에서는 질서를 중요한 교육원리로 삼는다. 유아는 외부환경의 질서를 통해 내적인 관계로도 접근할 수 있으며 새로운 세계를 경험하고 만들어 간다. 유아는 질서를 통해 주변의 사물을 익히고 이해하고, 사물과의 관계뿐 아니라 인간관계에서도 관계 형성을 쌓는 경험을 하게 된다.

발도르프 유아교육에서는 질서가 갖는 교육적 의미를 공간의 질서, 시간의 질서, 내적 질서로 구분한다. 그러나 유아들은 스스로 공간적인 질서를 유지하기 어렵다. 어른들은 아이들을 위해 공간적 질서를 갖춘 환경을 제공해 주어야 한다(김정임, 2008).

1) 공간의 질서

공간의 질서는 유아가 머물고 있는 물리적 공간을 의미한다. 즉 유아교육기관에서의 교재교구와 각 영역별 교구장, 책상, 의자, 놀이감 등 일상적으로 사용되는 물건의 정리정돈 질서를 의미한다. 여기에서 공간의 질서는 매일 반복해서 사용 되는 교구나 물건들이 항상 제자리에 정리정돈 되어 있어야 함을 의미한다. 유아들은 스스로 공간적인 환경구성을 할 수 없다. 따라서 정리된 공간은 유아에게 여러 가지 창의적인 활동에 몰두할 수 있는 여유를 준다. 이러한 외적 환경을 통해 유아에게는 공간 질서가 내면적으로 형성된다. 공간적인 질서는 유아가 잘 정리된 공간에서 창의적인 활동에 몰두할 수 있는 여유를 부여하므로 교육과정을 운영하는 데 중요하다. 이를 두고 발도르프 유아교육에서는 첫 번째 보호막이라고 부른다.

2) 시간의 질서

유아들은 가정이나 유치원에서 이루어지는 일을 예측할 수 있을 때 편안한 마음으로 시간을 보낼 수 있다. 리듬 생활의 중요성을 아는 교사라면 유치원에서 들숨과 날숨의 의한 리듬생활을 제공해 주어야 한다.

인간의 호흡이 들숨과 날숨이 교차하듯이 유아의 정신 활동 역시 시간 속에서 질서 있게 이루어지도록 배려해야 한다. 유아교육기관에서 시간에 대한 질서는 일 년, 한 달, 1주일, 하루의 시간의 질서 속에서 적용 운영되어야 한다. 이러한 시간의 질서를 통해서 이루어지는 교육과정 경험은 유아 삶의 뿌리를 단단하게 내리게 한다. 시간의 질서는 두 번째 보호막이라고 불린다.

3) 내적 질서

유아는 안정적인 만남의 경험을 통하여 상대방과의 관계를 만들어간다. 내적인 질서는 유아에게 이런 외부세계를 받아들이는 데 긍정적인 역할을 하게 된다.

유아는 내면적으로 자기 세계를 형성하려는 의지 속에서 타인과의 안정적인 만남을 통해 외부에 대한 신뢰감을 형성하고자 한다. 유아는 '자아'를 경험하는 시기에 자아존중감이 긍정적으로 형성되면, 타인에 대한 조화로운 만남을 형성하고자 하는 의지를 보인다. 이 시기에 유아는 성인에 대해 기쁨이나 존경, 경외의 대상으로 인식한다. 성인은 고귀한 것에 대한 열망과 진지함으로 유아를 대할 때 유아는 자연스럽게 외부세계를 받아들인다. 아울러 유아는 내적 질서를 통해 자율적인 성인으로 성장할 수 있는 토대를 만들 수 있어서 내적 질서를 세 번째 보호막이라 부른다.

5. 유아의 놀이발달

유아에게 있어서 놀이는 곧 삶이다. 유아에게 놀이가 없다면 건강한 발달은 이루어지기 어렵다. 건강한 아이들은 하루 종일 놀이를 하고, 놀이를 통해 건강하게 성장 발달해 간다. 슈타이너는 '유아에게 놀이란 활동을 위한 내적 충동을 드러내는데, 그 활동 안에서 인간은 진정한 존재를 담고 있다. 유아는 놀이를 통해 삶의 진지함을 배우고, 놀이를 통해 그 이상의 것을 배운다'라고 하였다. 유아는 놀이를 하면서 상상력을 토대로 자신만의 세계를 구축하며 기억과 사고를 발달시킨다. 유아는 무엇을 하고 놀든 간에 어른이 모방할 수 없는 고유의 창조적인 상상력이 있다. 이러한 상상력 있는 놀이는 후에 감정발달이나 모방 기술의 기초가 된다.

인간의 상상력은 유아기의 놀이와 직접적인 관계가 있다. 유아기에 어떤 놀잇감을 갖고 놀았느냐에 따라 창조적 사고의 기초가 잘 형성되었는지 여부가 갈린다. 유아의 상상력 발달을 위해서는 정형화된 장난감보다는 미완성된 단순한 자연물 소재의 장난감이 더 효과적이다. 단순한 막대기 하나가 유아에게는 전화기도 되고, 때로는 숟가락이 되면서 유아의 상상력을 자극하여 창조력과 사고력을 촉진시킨다. 단순한 자연물 놀잇감은 유아의 내면에 잠재되어 있는 상이 '단순한' 사물과 상호작용 되어 외적으로 표현되는 것이다.

유아가 유치원에 등원하면 먼저 자유놀이를 시작으로 들숨과 날숨의 원리를 적용한 하루 리듬이 시작된다. 바깥 놀이와 산책 역시 하루일과 속에 포함되어 있다. 산책의 경우에는 가까운 숲이나 들에서 유아들이 자유롭게 자연을 경험하도록 한다. 그리고 유치원 안에

서의 바깥 놀이를 위한 놀이터에는 모래나 단순한 놀이기구, 생활용
기구들이 구비되어 있다. 유아들은 이러한 도구들을 이용해 자유로
운 활동을 하기 시작하는데, 가볍게 삽질을 하거나 손수레를 통해
마음껏 움직이며 작업을 한다. 이렇듯 놀이를 통한 신체적인 움직임
은 각각의 다양한 기관과 연결되어 끊임없이 움직이고, 유아는 외부
와의 상호작용 속에서 반응하며 성장한다. 아울러 유아의 놀이를 통
한 다양한 경험은 유아의 내면세계 성장에 지대한 영향을 준다. 따
라서 유아의 놀이를 통해 이루어지는 다양한 상상력의 힘은 후일 어
떤 일을 성취하고자 할 때 필요한 창의성 발휘의 근원이 된다.

6. 환경구성 및 놀잇감

발도르프 유아교육의 교실 환경에서 놀잇감은 완제품이 아니라,
자연물로 제작되어 단순화된 것으로 제공된다. 유아들의 심리적 안
정감을 위해 각 교실의 조명은 간접조명으로, 가정과 같은 편안한
보육환경을 제공한다. 또 교육 매체로 사용하는 TV나 비디오 등 전
자기기 제품은 사용하지 않는다. 발도르프 유치원에서 제공되는 놀
잇감은 다음과 같다.

• 화학제품인 플라스틱 교재 교구를 사용하지 않는다.

- 자연물 교구를 사용한다.
- 원목 책걸상, 다양한 나무 블록, 양모털실, 펠트 천, 헝겊 공, 달팽이 끈, 나무 소꿉놀이, 어패류, 씨앗 종류, 열매 종류, 실크 보자기류, 원목 바구니류 등을 비치한다.
- TV, CD, 비디오 등 전자기기를 사용하지 않는다.
- 간접조명을 사용한다. 심리적 안정감을 위해 교실에 간접조명을 설치함으로써 아늑한 분위기를 연출한다. 연한 복숭아 빛이 도는 분홍색으로 바꾸어 집과 같이 포근하고 안정되고 편안한 색감을 연출한다.
- 천연섬유 침구, 100% 목화솜을 넣은 요와 이불

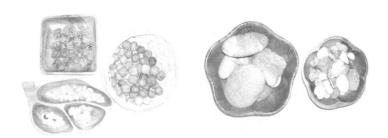

〈그림 3-2〉 발도르프 자연물 놀잇감

〈그림 3-3〉 발도르프 어린이집 자유놀이 모습

발도르프 유아교육의 지향점

발도르프 유아교육기관은 유아가 행복한 일상을 지낼 수 있도록 보장해주는 곳이다. 또 아이 스스로 삶의 방향을 정하고, 자신의 길을 잘 찾아가도록 안내해 주는 곳이다. 발도르프 유아교육의 지향점인 취학전 7가지 기초능력을 살펴보면 다음과 같다(페터 랑, 2005).

1. 취학 전 7가지 기초능력

1) 신체능력과 움직임능력

최근 아동들의 경우, 신체 운동과 움직임 결핍으로 자세가 불량하고 비만도 증가하고 있는 추세이다. 사람의 심리적 안정감은 신체적 균형과 연결되어 있다. 외적인 신체 균형 유지가 어려운 경우는 내적 균형에도 어려움이 따른다. 또 신체적 능력과 움직임 능력은 언어 구사 능력에도 결정적 영향을 미친다. 이렇듯 영유아의 신체적 움직임 능력은 중요하기 때문에 유아교육기관에서는 특별한 관심을 기울여야 한다.

발도르프 유아교육기관에서는 유아들의 신체능력과 움직임 능력을 키우기 위해 매일 자유놀이를 실시한다. 자유놀이를 통해 대근육과 소근육을 강화시키고 있다. 이외에도 매일 바깥놀이, 손유희 라이겐, 습식수채화, 바느질, 수공예, 목공, 요리활동 등 모든 활동이 신체적 움직임 능력 향상에 기초를 두고 있다. 이렇게 취학 전에 활발하고 다양한 움직임을 경험한 아이들은 향후 질 높은 언어 구사 능력과 인지 사고능력 향상의 기초를 마련하게 된다.

2) 감각능력과 지각능력

우리가 살고 있는 이 세상은 가상현실과 함께 존재하고 있다. 가상현실(假想現實, virtual reality, VR)이란 컴퓨터 등을 사용한 인공적인 기술로 만들어내어 실제와 유사하지만, 실제가 아닌 어떤 특정한 환경이나 상황 혹은 그 기술 자체를 말한다. 이때 만들어진 가상의 환경이나 상황 등은 실제와 유사한 공간적, 시간적 체험을 하게 함으로써 사용자로 하여금 현실과 상상의 경계를 자유롭게 드나들게 한다. 아이들은 이러한 가상 세상과 실제 세상과 구분하지 못한다.

가상현실은 우리에게 실제로 그렇게 존재하지 않는 특성들을 속여서 믿게 한다. 따라서 아이들에게는 자기 주변에서 어떤 일들이 발생하고 있는지에 대한 올바른 의식이 필요하다. 이러한 올바른 의식과 감각을 갖게 하기 위해서는 영유아 시기에 가상 세계가 아닌 실제 세계의 감각경험이 필요하다.

발도르프 유아교육기관에서는 감각능력과 지각능력을 키워주기 위해 아이들에게 진짜 세계의 감각 경험을 하게 한다. 이를 위해 아이에게 지수화풍(地水火風)을 통한 인간 삶의 근원들을 직접 체험하도록 한다. 예를 들어 우리 식탁에 늘 올라오는 밥이 만들어지는 과정을 알기 위해 농사를 직접 짓게 한다. 봄에 볏씨를 뿌리고 싹이 나면 직접 논에서 벼를 심고, 가꾸며 쌀이 맺는 과정을 직접 보고 체험하게 한다. 또 밀이 빵으로 만들어지는 과정도 직접 경험하게 한다. 봄에 밀 씨앗을 밭에 뿌리고, 수확 후 그 열매로 밀가루를 빻아 반죽하여 직접 빵을 만들어 먹어보는 체험을 하도록 한다. 또 옷을 직접 만들어 보기 위해, 양털이나 목화에서 실을 뽑아 실을 만들고 그 실로 천을 만들어 옷을 만들게 한다. 이외에도 일상생활의 일들을 직접 경험하게 한다. 옷을 세탁기에 돌리지 않고 비누로 빨고 헹구는 과정을 통해 세탁의 과정을 겪게 한다. 이러한 과정을 통해 유아 자신의 감각으로 실제 세상을 탐색하고 경험함으로써 전체 맥락을 파악할 수 있는 능력을 갖게 한다. 이러한 체험은 복잡한 맥락들의 추론을 발달시켜 큰 그림을 그리고 이해할 수 있는 지각을 가능하게 한다.

실제 현실과 함께 이미 일어난 상호작용은 향후 가상 현실에 접근하기 위한 전제 조건이 된다. 따라서 가짜를 믿도록 강요하는 컴퓨터는 유아교육기관이나 집에서 노출을 삼가야 한다. 지금 세상은 가상 세계들이 넓게 퍼져나가고 있다. 또 우리에게 실제로 그렇게 존재하지 않는 특성들을 속여서 믿게 하는 전략이 숨어있다. 가상 세계에 빠져들지 않으려면 아이들은 12감각 발달을 공고히 하여 자신의 감각들을 더 많이 확고하게 믿을 수 있어야 한다.

3) 언어능력

지난 20년간 세계 모든 나라에서 언어 발달지체를 보이는 영유아 비율이 급격하게 증가하고 있다. 2002년 독일 마인츠 대학병원 조사에 따르면, 만 3~4세 유아들의 20%가 언어발달지체를 보이고 있다. 그 중 50%는 언어발달지체가 심각한 중증장애 상태라 긴급 치료적 접근이 필요한 것으로 조사되었다.

여기서 놀라운 사실은 왜 유아들에게 이러한 언어 발달지체가 발생했는지에 대한 의학적 설명이 부족하다는 것이다. 이 조사를 이끈

하이네만(M. Heinemann)은 가정에서 부모들이 아이와의 대화 부족과 책이나 이야기를 너무 적게 들려주기 때문에 언어 발달장애가 발생한다고 하였다. 즉, 가정 내의 애정 어린 대화 부족과, 언어 사용에 적절한 모델링이 되지 못한 부모들로 인해 언어 발달지체가 급증한 것으로 해석하고 있다.

가정에서 언어를 정확하게 구사하는 어른들이 있다면 영유아에게서 정확한 언어발달을 이끌어 낼 수 있다. 또 영아기 때 이루어진 텔레비전과 미디어 노출도 언어발달지체 증가와 무관하지 않다. 인간의 생각하기와 말하기는 긴밀하게 상호 연결되어 있다. 우리는 언어로 생각하는 것을 표현할 수 있으며, 대화를 나눌 수 있다. 아이들은 말하는 언어적 환경 속에서 성장해야만 말하기를 잘 배울 수 있다.

이런 이유에서 발도르프 유아교육기관에서는 5음계 노래, 전래동화, 손유희 라이겐, 시 낭송 등이 중요한 가치를 지닌다. 따라서 유아교사들은 아이들의 연령에 맞게 명료하고 분명하게 말해야 한다. 또한 유치한 베이비 언어와 추상적인 설명들은 삼가야 한다. 성인들이 사용하는 바른 언어를 그대로 사용하고, 아이들의 언어에 귀 기울여 줄 때 아이들은 폭넓은 언어 구사를 할 수 있다. '맘마', '빠방' 등 유치언어 사용을 금한다. 영유아들의 건강한 언어발달을 위해서는 언어적 모방을 할 수 있는 좋은 언어적 모델 본보기가 필요하다.

4) 상상력과 창의성

현대사회의 가장 큰 특징은 복잡성이다. 우리의 삶은 개인, 가정, 사회가 모두 복잡한 상황으로 얽혀 있어 이를 해결하며 나아갈 수 있는 통합적인 사고가 필요하다. 현대사회를 살아가며 당면하게 되는 여러 복잡한 문제들은 상상력과 창의성을 발휘할 때 쉽게 해결할 수 있다. 그러나 이러한 능력이 없는 사람이라면 현대사회를 살아가면서 많은 어려움을 직면한다. 이러한 여러 문제들을 해결하는데 필요한 정신적 능력이 바로 상상력과 창의성이다.

먼저, 상상력(想像力, imagination)은 경험하지 않은 것, 현재에 없는 대상을 직관하고 머릿속으로 그려보는 능력이다. 눈에 보이는 것이 없고, 귀나 다른 감각기관에서 느낄 수 있는 것이 없을 때, 정신적인 이미지와 감각과 개념을 형성하는 능력이라고 할 수 있다. 상상력은 가상의 일들을 경험하고 여러 문제 사이에서 어려움을 해결할 수 있는 방법을 찾아 실제 문제들을 풀 수 있게 해준다. 상상력은 현재 세계에서 상상의 세계로 들어갈 수 있게 해주기도 하므로, 상상력은 영유아들이 성장에 중요한 역할을 한다.

영유아의 상상력 놀이는 더 풍부한 사고력을 길러준다. 또한 훗날 여러 환경과 상황에서 기발한 아이디어를 떠올리게 하여, 어려운 문제들을 쉽게 해결할 수 있는 토대가 된다. 상상놀이는 아이의 발달에 매우 중요하다. 상상놀이를 통해 길러질 수 있는 풍부한 사고력은 성인이 되어서 맞게 되는 새로운 환경과 상황에 대해 좀 더 유연하게 대처할 수 있게 되고, 언어학적으로 풍부하고, 자발적인 성격형성에 중요한 요소가 된다.

두 번째는 창의성이다. 창의성(創意性, creativity)은 새로운 생각이나 개념을 찾아내거나 기존에 있던 생각이나 개념들을 새롭게 조합해 내는 것과 연관된 정신적이고 사회적인 과정이다. 창조성(創造性)이라고도 하며 이에 관한 능력을 창의력(創意力), 창조력(創造力)이라고 한다. '새로운 무엇을 만드는 것'인 창의력은 미지의 세계에서 생존할 수 있고, 문제를 해결할 수 있으며, 새로운 아이디어를 찾을 수 있는 능력을 말한다.

창의적 사고는 서로 연결되어 있지 않던 새로운 아이디어나 여러 사건들을 연결하고, 새로운 환경을 통해서 해결책을 만들 수 있도록 도움을 준다. 이러한 능력은 4차 산업혁명 시대가 요구하는 인재상이라고 볼 수 있다. 현대의 대내외적 환경은 점점 더 규격화되고, 고정되어 가고 있다. 따라서 유아교육에 있어 창의성이 강조되는 이유는 유아기가 자율적이고 풍부한 환경에서 새로운 지식을 구성하며, 창의적 사고와 창의적 상상력이 발달하는 중요한 시기이기 때문이다. 영유아기부터 자유롭게 놀이의 세계에 몰입하게 하여 풍부한 상상력과 창의성을 키울 수 있는 환경을 제공하면 아이들은 상상의 나래를 펴며 창의력을 극대화할 수 있다.

슈타이너(1942)에 의하면 동화, 동극 그리고 인형극은 유아의 상상력과 언어발달에 지대한 영향을 미친다. 즉 동화와 동극 그리고 인형극은 인간의 내면 본성에 잠재되어 있는 심미적·도덕적 감각능력을 키우는 데 있어서 적절하다. 이러한 능력을 키우기 위해 발도르프 유아교육기관에서는 아이다운 상상력과 창의성을 기르고 보살피는 데 매우 구체적인 실행을 요구한다.

발도르프유치원에서는 공장에서 다량 생산한 정형화된 놀잇감을 제공하지 않는다. 자연물 놀잇감이 창조적인 힘을 자극하는 다양한 상상력과 예술성을 길러주기 때문이다. 아울러 상상력과 예술성을 내포하고 있는 미완된 놀잇감은 아이들의 마음과 의식을 넓혀 준다. 이외에도 교사들이 매일 들려주는 동화는 아이들의 상상을 자극하고, 반복해서 들은 동화는 창조적인 놀이 활동으로 적용되고 변형되어 내면으로 스며든다. 또 교사가 보여준 다양한 인형극은 아이들의 상상력을 자극하여 아이들이 스스로 인형극 상황을 꾸미고 각자의 상상력에 따라 놀이에 더 깊이 빠져들게 한다.

영유아기에 놀이를 통한 판타지능력과 창조능력은 성인이 되어 풍부한 아이디어를 가지는 데 큰 도움이 된다. 이러한 결과는 훗날 직업 세계에서 풍부한 아이디어 제공과 내적·정신적 유연성과 판타지를 발휘할 수 있게 한다. 유아의 상상력을 통해 판타지가 가득한 모든 예술적인 것은 사람의 영혼과 의식을 확장한다.

5) 사회능력

사람은 사회적인 존재로, 타인과 더불어 살아가는 방법을 영유아기부터 배워야 한다. 이러한 사회능력을 키울 수 있는 기본적인 장소는 가정이다. 가정은 출생부터 인간의 성장과 발달에 큰 영향을 미치는 중추적인 기능을 담당하는 곳이다.

우리나라는 전통적으로 3대가 한집에서 사는 대가족제도였다. 이 대가족 구조 속에서 자녀들은 어릴 적부터 자연스럽게 사회능력을 습득하였다. 그러나 최근에는 가족구조가 핵가족이나 1인 가족 형태로 급변하고 있다. 이러한 가족구조의 변화로 유아들이 삶 속에서 자연스럽게 사회능력을 배울 수 있는 기회가 줄어들고 있다. 따라서 가정을 대신하여 유아들의 사회능력을 기관에서 습득할 수 있도록 토대를 만들어야 한다.

발도르프 유아교육기관에서는 유아의 사회능력 향상을 위해 연령 혼합반을 기본으로 구성한다. 연령 혼합반 구성에서는 동일 연령반 보다 긴장감과 갈등 관계가 적고 서로 우호적인 분위기를 유지할 수 있다. 혼합 연령반의 아이들은 잘 구성된 하루 리듬과 주간 리듬을 지키며, 각자의 과제들을 행하면서 즐거움과 배움의 시간을 갖는다. 예를 들어 자유 놀이 후 놀잇감 정돈하기, 식사 준비 및 뒷정리하기, 청소 등을 통해 사회능력을 배우게 된다. 또 교사의 행동을 모방하며 방향성과 책임감도 배우게 된다.

이외에도 아이들은 부모가 교육현장에서 직접 참여하여 활동하는 것을 좋아한다. 부모가 직접 교육현장에서 참여하는 것을 통해 아이들은 공동체 생활에서 사람들의 협력이 필요하다는 것을 알게 된다. 발도르프 유아교육기관에서는 부모들이 유아교육기관을 방문하여 청소, 놀잇감 수리, 텃밭 정리, 빨래하기와 여러 축제 행사에 참여하게 하고, 사회능력을 발휘하는 현장을 아이들이 직접 목격하게 한다. 사회능력이 없는 개인의 삶은 어떤 공동체 안에서도 분열과 갈등을 겪게 된다. 발도르프 유아교육에서는 유아들의 사회능력 향상을 위해 큰 관심을 기울이고 있다.

6) 동기부여능력과 집중능력

최근 교육전문가나 의료전문가들은 취학 전 영유아들의 과잉행동, 주의력 결핍 증상, 또한 심신의 불안정 증가에 심한 우려를 나타내고 있다. 요즘 아동, 청소년들 그리고 성인들 다수가 오늘날 집중력 결핍, 신경쇠약, 과다 행동증, 과제 수행 어려움을 갖고 있다. 이들 중 다수가 심신의 안정을 위해 약물을 복용하고 있으며, 비율 또한 증가하고 있다. 이 아이들은 무엇인가를 해내는 즐거움을 느끼지 못하고 주어진 과제를 맡아 수행하는 과정에서 대부분 어려움을 보인다. 따라서 교사는 서두르지 않고 스트레스가 없는 건강한 분위기 연출에 노력을 기울이고, 아이들이 그 안에서 쾌적함을 느낄 수 있도록 주의를 기울여야 한다.

현대에 장애를 가진 유아들 대부분은 잘못된 현대적 삶에 기인하는 경우가 많다. 특히 시간 부족으로 인한 분주함과 서두름, 스트레스, 소음, 미디어, 영상 과다 노출은 유아 성장 발달에 방해가 된다. 따라서 발도르프 유아교육 기관에서는 아이의 두뇌 형성과정에 악영향을 미치는 TV나 전자 미디어 기기 노출은 절대적으로 삼가야 한다.

영유아시기에는 동기부여 능력과 집중능력을 키우기 위해 처음부터 끝까지 전체를 파악할 수 있는 작업(빵 굽기, 빨래하기, 텃밭 체험…)들을 경험하게 한다. 이러한 근원적인 삶을 통해 과잉행동, 주의력 결핍 증상, 또한 심신의 불안정 증세를 보이는 아이들의 집중능력을 키울 수 있다. 또한 하루일과 안에 규칙적인 반복과 리듬적인 구성요소가 제공되어야 한다. 이 외에도 연간 절기 리듬에 집중하여 매년 축제(단오날 창포로 머리감기, 김장, 추석, 동짓날, 성탄 등)에 참여할 수 있게 한다. 해마다 반복되는 축제는 아이들의 동기부여 능력과 집중력 강화에 큰 도움이 된다. 이러한 경험을 몸으로 직접 경험한 아이들은 내적 안정감을 가질 수 있으며 이로 인해 훗

날 세상에 적극적으로 참여하는 자세로 살아가게 된다.

7) 윤리-도덕적 가치능력

윤리(倫理, Ethic)는 사회의 대인 관계에서 허용되는 행위나 올바른 행동을 정의하는 특정한 규칙과 규범을 말한다. 도덕(道德, Moral)은 주로 선하게 살고 싶은 욕망이 지침이 되어 나타나는 삶의 도의(道義)를 뜻한다.

슈타이너는 유아들이 어떤 도덕적 표현이나 이성적 훈계로 영향을 받기보다는, 주위 어른들이 자연스럽게 행하는 행동을 보고 그 가치를 내면화한다고 하였다. 색채와 조명상태가 적절한 환경에 놓인 아이에게 건강한 시력이 형성되는 것과 마찬가지로, 아이가 주변 환경에서 도덕적인 것을 보게 되면 건전한 도덕성을 위한 신체적 자질이 형성된다. 따라서 유아들의 윤리-도덕적 가치능력 영역에는 좋은 본보기와 모방의 관계가 적용된다.

발도르프 유아교육기관에서는 유아들의 윤리-도덕적 가치능력을 키우기 위해 어른들의 행위를 강조한다. 어른들의 어떤 행위이든지 유아들은 직간접으로 영향을 받기에 항상 진정성을 지니고 있어야 한다.

아이들은 주변인들로부터 어떤 윤리-도덕적 삶을 체험하고 나면 내면적 가치관이나 정신적 방향을 형성하게 된다. 어른과 동일하게 아이들도 자기 삶의 형성을 위해 내면적 가치관이나 정신적 방향과 연결될 수 있는 과제들을 필요로 한다. 따라서 유아도 자연스러운 삶에서 가치로운 일을 행하는 어른들을 만나고 싶어 한다. 식사 시 감사기도, 자연보호, 어려운 사람을 도와주고 베푸는 삶, 타 문화 존중 및 인류애를 갖고 조건 없이 도와주는 것, 불의에 맞서 정의를 지키고자 하는 것 등을 행하는 어른을 만나고 싶어 한다.

또한 부모나 교사들이 어떤 행사나 회의, 또는 정치에 스스로 참여하는 모습은 유아들의 윤리-도덕적 가치능력을 키우기 좋은 예이다. 윤리-도덕적 가치능력 향상은 교육으로 가르친다고 되는 부분이 아니다. 이 능력은 주변 어른들의 삶을 통해 보고 자연스럽게 몸에 스며드는 영역이다.

2. 발도르프 유아교육 전환 사례 - 6세 장애아동 통합반

복사골문화센터어린이집은 부천시 상동에 위치한 시립 장애아 통합보육시설이다. 1999년 5월 개원 당시 부천시는 발달지체 유아의 통합보육에 많은 관심을 갖고 시범 통합보육시설로 개원하게 되었다. 저자는 본 시설에 원장으로 재직하며 '장애아동과 비장애아동 모두가 행복한 어린이집을 운영하고 있는가?'라는 근본적인 문제제기를 하게 되었다. 그러던 중 1999년 독일 페터 랑 교수의 발도르프 교육 특강에서 어린이집의 여러 문제들을 해결할 수 있는 가능성을 보았다.

독일의 페터 랑 교수의 발도르프 교육 참석 이후 교직원들에게 발도르프 교육에 대한 이해와 동의를 구한 후 교사교육을 수행하였고, 어린이집도 영유아에게 적합한 발도르프 물리적 환경으로 재정비하였다. 이 외에도 부모교육을 통해 유기농 먹거리의 중요성과 자녀교육에 있어서의 부모역할을 강조하였다.

발도르프 보육리듬으로 시작한 지 6개월 후부터 장애아동과 비장애아동 모두가 안정감을 띠기 시작했고, 운영적인 여러 문제들이 해결되었다. 또 아동들의 안정된 모습 덕분에 부모님들에게 신뢰받는 어린이집으로 안정적 운영도 가능해졌다. 이에 일반보육프로그램에서 발도르프보육리듬으로 전환을 시도한 사례를 소개하고자 한다. 당시 기관의 현황은 다음 표 3-1과 같다.

〈표 3-1〉 복사골문화센터 어린이집 기관 현황

구 분	내 용					
보육아동 현황(명)	합계	만 2세미만	만 2세	만 3세	발달지 체유아	시간제
	158	15	14	75	24	30
종사자 현황(명)	합계	원장	보육 교사	통합 교사	보조 교사	취사부	영양사, 간호사, 서무, 기사 각1명
	26	1	9	7	2	3	4

1) 발도르프 통합보육의 하루일과

발도르프보육의 하루일과는 들숨과 날숨의 호흡 법칙인 리듬원리를 적용하여 구성되었다. 본 어린이집의 6세 반 발달지체유아의 통합보육 하루일과와 주간일정은 다음 〈표 3-2〉과 같다. 6세반 현황은 일반유아 20명, 발달지체유아 6명로 총 26명으로 일반보육교사 1명, 장애통합보육교사 2명으로 되어 있다. 하루일과는 오전 7시 30분에 등원을 시작으로 오후 16시 30분 전후로 귀가한다.

〈표 3-2〉 복사골문화센터어린이집 6세반 장애통합보육반 하루일과

시간	활동	내용		준비물
07:30~09:00	등원 및 인사	부모님과 함께 등원하여 가방을 정리한 후 놀이실에서 자유 놀이를 한다. 교실에 들어와 교사와 인사를 나누고, 건강상태를 확인한 후 자유롭게 그림을 그린다.		가방, 겉옷, 도화지, 크레용
09:00~10:30	오전 간식 및 자유놀이	등원 후 손을 씻고, 간식을 먹고 자유롭게 놀이를 한다.		수건, 비누, 간식 접시, 컵, 포크, 놀잇감
10:30~10:50	정리 및 화장실 다녀오기	유아들이 가지고 놀던 놀잇감을 교사와 함께 정리한 뒤 화장실에 다녀온다.		비누, 수건
10:50~11:10	함께하기 (아침모임)	아침 기도	동그랗게 앉아 교사와 함께 계절노래를 부르며 하루를 시작하는 감사기도를 한다.	성냥, 실로폰, 초, 손가락 심벌즈, 기름, 라이어, 나무 빗, 썬크림
		기름 바르기	교사가 나눠주는 기름을 손에 바르고 좋은 향기를 맡으며 마음에 안정감을 갖는다.	
		라이겐 (윤무) Reigen	마음과 몸을 이용하여 리듬이 담긴 이야기를 함께 전개해 나간다. 바깥놀이와 연계하여 이야기를 마무리 한다.	
		머리 빗기	교사가 유아들의 머리를 빗어주며 작은 목소리로 이야기 하면서 마음을 나눈 후 산책 나갈 준비를 한다.	

시간	활동	내용					준비물
11:10~ 12:10	산책 및 바깥놀이	어린이집 인근에 있는 공원이나 놀이터에서 몸을 움직여 자유롭게 놀이하고 자연의 아름다움을 느낀다.					모래놀이 도구, 비상약품, 휴지, 실외놀이터
12:10~ 12:20	조용한 모임	산책 후 교실에 들어와서 간단한 손유희를 하고 노래를 부르며 마음을 가라앉힌다.					
12:20~ 13:10	점심식사 및 양치	조용한 모임 후 교사가 부르는 순서대로 식사 배식을 받고 식사를 한다. 식사 후 교사의 지도 하에 양치를 한 후 정리를 하고 로션을 바른다.					
13:10~ 13:40	대놀이실 활동	잠시 앉아 휴식을 취한 후 실내놀이실에서 자유롭게 놀이한다.					
13:40~ 14:00	예술활동	월요일	화요일	수요일	목요일	금요일	밀랍, 털실, 머메이드지, 붓, 물통, 물감, 수건
		자유 놀이	밀랍 공예	털실공 감기	수채화 그리기	자유 놀이	
14:00~ 14:20	모둠놀이	둥글게 모여 노래를 부르면서 할 수 있는 놀이나 협동을 요하는 간단한 놀이를 한다.					
14:20~ 15:30	동화 듣기 및 낮잠	화장실에 다녀와서 물을 마시고 개인 이불을 꺼내서 지정된 자리에 가서 눕는다. 교사가 들려주는 동화와 연주, 노래를 들으며 낮잠을 잔다.					컵, 주전자, 컵 건조대, 개인 이불, 실로폰, 초

시간	활동	내용	준비물
15:30~ 16:20	화장실 다녀오기 및 오후 간식	낮잠 후 개인 이불을 정리하고 화장실을 다녀온 후 간식 먹을 준비를 한다. 감사 기도 후 오후 간식을 먹고 간식접시를 정리한다.	비누, 수건, 간식, 접시, 컵
16:20~ 17:50	자유놀이	교실에 있는 놀잇감을 가지고 자유롭게 놀이한다.	놀잇감
17:50~ 18:00	조용한 모임	간단한 손유희를 하고 노래를 부르며 하루를 마무리한다.	
18:00~ 19:30	귀가	자유놀이 하다가 보호자가 오면 귀가한다.	가방, 겉옷

2) 발도르프 통합보육의 내용구성

(1) 자유놀이

오전 7시 30분부터 이루어지는 자유놀이는 유아들에게 매우 중요한 시간이다. 이 시간은 누구의 간섭도 받지 않으며 자신의 마음속에 그리는 상상력을 펼쳐 보일 수 있는 자발적인 시간이다. 장애유아들도 이 시간에는 자기가 하고 싶은 모든 놀이를 할 수 있으며, 놀이가 싫으면 안 할 수 있는 자유도 주어진다. 자유놀이 시간은 장애유아들의 언어발달과 사회적 기술을 향상시킬 뿐만 아니라 또래들의 노는 모습을 보여주면서 같이 놀고 싶은 욕구를 유발하기도 하며 의미 없던 행동이나 소리들을 의미 있는 행동으로 발전시키기도 한다.

(2) 정리정돈 및 간식

자유놀이가 종료될 즈음에 교사는 작은 목소리로 노래를 부르며 유아들이 정리하는 시간임을 알 수 있도록 하고, 리듬생활의 흐름을 자연스럽게 느낄 수 있게 한다. 교사는 조용한 노래를 부르며 놀잇감을 직접 정리정돈한다.

유아들은 교사가 직접 정리 정돈하는 행위를 보며 자신들도 놀던 놀잇감을 정리정돈하게 된다. 이때 중요한 것은 모든 놀잇감과 교구들이 항상 정해진 장소에 있도록 하는 것이다. 유아들은 정리정돈 시간을 통해 안정감을 획득하며 기억력, 방향감각 증진효과와 시·공간적인 질서를 익힌다.

(3) 아침모임

놀잇감 정리정돈 후 손을 씻고, 전체가 서로를 바라볼 수 있도록 원형으로 앉는다. 이때 교사는 안정감을 주기 위해 잔잔하면서도 조용한 노래를 부르며 교실의 조명을 소등하고 창가에 커튼을 내린다. 전체적으로 조용한 분위기가 되도록 한 후 준비된 작은 탁자를 원

중앙에 놓는다. 작은 탁자에는 자연향내가 나는 장미기름과 밀랍 촛불을 켜놓는다. 달팽이 끈 말기를 시작으로 기름 바르기 → 아침기도 → 손유희 → 라이겐(Reigen, 윤무) → 머리 빗기를 한 후 각자 자신의 사물함에서 옷을 꺼내 입고 산책 갈 준비를 한다.

아침 모임은 유아들로 하여금 정서적으로 편안하고 안정감을 갖게 하는 시간이다. 아침 모임 시 장애유아에게 실내 조명을 소등하거나 달팽이 끈을 나눠주거나 모아오는 역할을 하게 한다. 또 교사가 기름을 바르는 행위를 할 때 미니 실로폰을 치게 하는 등의 활동을 통해 자신감과 성취감을 갖도록 유도하기도 한다.

3~4주 동안 같은 내용의 손유희나 라이겐(윤무)을 반복할 경우 발어가 전혀 안되던 유아가 발어가 된다든지 의미 없는 단어들을 중얼거리던 아이들이 손유희나 라이겐으로 의미 있는 언어표현을 하기도 하여 언어 발달을 증진시킬 수 있는 시간이 되기도 한다.

(4) 산책

발도르프 교육 일과에서는 사계절 날씨에 관계없이 매일 산책을 실시한다. 일주일 동안은 거의 같은 장소로 산책을 하게 되는데, 아이들은 매일 변화하는 자연의 모습을 눈으로 확인하며 즐거운 마음으로 산책을 즐기게 된다.

산책은 장애유아들의 치료적 경험도 갖게 한다. 예를 들어 사람과 사람이 만지는 감각을 싫어하는 자폐성향의 유아의 경우 손을 잡는다든가 몸을 만지는 것조차 싫어하는 경향이 있다. 이런 유아들은 산책하는 동안 손을 잡으려고 하지 않기 때문에 나뭇가지 같은 것으로 기차를 만들어서 기차놀이를 한다든가 도토리나 밤을 주우면 주머니에 모으기도 하는데 그것을 아이의 손에 쥐어 주면서 접촉을 시도하게 한다.

본 어린이집은 바깥 놀이터가 없는 관계로 주변의 아파트 내의 공원이나 작은 공터, 또는 길가의 작은 언덕에 심어진 소나무 샛길 등을 찾아내 산책길로 활용하였다. 1주일에 1회는 왕복 50분 정도 되는 먼 길을 다녀오기도 한다. 매일 반복되는 산책은 장애유아의 결핍된 신체동작능력 향상과 언어·인지능력 발달을 가져오는 촉진제 역할을 하게 된다.

(5) 점심식사 및 자유 활동

발도르프교육에서는 '이갈이' 하기 전까지의 영유아기는 신체기관 중 내장(오장육부)이 건강하고 튼튼하게 자라야 하는 시기로 본다. 따라서 건강하고 튼튼한 내장이 잘 만들어지도록 하기 위해서는 질 좋고 영양이 풍부한 음식 제공이 중요한 요소가 된다. 이를 위해 채소를 제외한 쌀, 계란, 쇠고기, 콩 종류인 두부 등을 유기농 제품으로 제공한다.

(6) 예술작업

각 요일별로 예술 작업 시간은 주 1회씩 정해져 있으며 그 활동의
종류는 다음과 같다.

① 밀랍 공예

밀랍은 기존의 점토와는 다른 몇 가지 장점이 있는데 우선 천연향
으로 냄새가 좋고, 사람에게 따뜻한 촉감각을 발달시킨다. 일반 점
토의 경우는 재질이 차가워 활동 내내 유아들의 온기를 빼앗아 가지
만 밀랍은 유아에게 따스한 감각을 전해 준다. 주제를 정해주지 않
고 자유롭게 만들게 하는 밀랍 공예는 장애유아들이 즐겁게 참여하
는 활동 중 하나이다.

② 수채화

수채화 그리기는 매우 독특하다. 삼원색(빨강, 노랑, 파랑) 천연물
감을 이용한 다양한 수채화 작업과정들은 너무나 신비롭고 아름다
워 아이들로 하여금 탄성이 절로 나오게 한다. 장애유아들이 틀에
얽매이지 않고 자유롭게 자신의 내면을 표현할 수 있어서 즐거움을
갖는 시간이다. 준비물로는 삼원색 천연물감과 물을 묻힌 머메이드
지, 물통, 붓, 수건, 나무 판, 스펀지 등이 있다.

③ 동화 듣기 및 휴식

발도르프 유아 동화 듣기에서는 교사가 동화책 원본 그대로 읽어
주거나, 동화 내용을 암기하여 이야기 하듯이 육성으로 들려준다.
교사는 동화를 들려줄 때 드라마틱하게 성대묘사를 하거나 극적인
연출을 하지 않는다.

동화는 약 3~4주 정도 같은 내용을 반복해서 들려준다. 이러한
활동들은 영유아들에게 언어를 익히고, 언어 구사력을 확장시키며,
언어의 뿌리를 가지게 하는 효과가 있다. 장애유아들은 매일 반복
되는 동화를 통해 심리적 안정감을 가지며, 본인이 알고 있는 내용
을 확인하기 위해 집중력을 발휘하게 되는 효과가 있다. 약 3주 정
도 동화를 들려준 후 마지막 4주차에는 동화 내용을 근거로 인형극
을 시현해 준다. 유아들 역시 동일한 동화 내용을 인형극으로 연출
된 장면을 보면서 더 많은 집중력을 갖고 몰입하게 된다.

(7) 모둠놀이

하루를 마무리 하는 시간에 아이들과 교사가 함께 동그랗게 앉아
간단한 게임이나 노래를 부른다. 아이들은 교사와 친구들과 헤어지
는 아쉬움과 또 다시 만나자는 의미를 담은 노래로 인사를 한 후 보
호자가 오는 대로 귀가한다.

〈그림 3-4〉 복사골문화센터어린이집 실내외 놀이 모습

IV

발도르프 유아
예술활동

슈타이너는 인간 본질이 자연이기 때문에, 자연을 닮아가는 인간 상을 교육의 핵심으로 설정해야 한다고 언급한 바 있다. 아이를 무조건 가르치기보다는 아이가 가지고 있는 본성과 기질을 살려서 이끌어내는 것이 교육예술이다. 따라서 교육이라고 하는 인간의 행위는 단순히 지식을 전달하는 사회화의 과정이 아니라 마음과 정신의 세계까지 이해하는 인식의 확장 과정이다.

유아들의 예술활동은 미적 체험을 통한 인간교육이라는 것과 구분되며 예술적 방법에 의한 교육을 뜻하는 예술교육과도 차이가 있다(전일균, 1998). 발도르프 유아교육기관에서는 음악, 미술, 점토로 만들기, 습식수채화, 동화와 인형극, 동작예술인 손유희 라이겐, 오이리트미, 수공예 등의 다양한 예술 분야의 수업이 이루어지고 있다. 그 내용을 살펴보면 다음과 같다.

6장

음악

음악은 개인의 감정이나 생각을 표현하는 예술로 우리 삶에서 빼놓을 수 없는 중요한 부분이다. 사람들은 분주함과 스트레스로 가득한 삶에서 아름다운 음악을 접하면 기분이 좋아지고 행복감을 느낀다. 이렇게 음악은 인간의 감정이나 생각에 깊은 영향을 미친다. 음악은 성인뿐 아니라 유아들의 성장발달에도 영향을 주어 유아교육기관에서 관심을 기울여야 할 중요한 예술적 영역이다.

그러나 불행하게도 현시대의 영아들은 출생하면서부터 기계음과 소음이 가득한 환경 속에 살게 된다. 귀에 거부감을 주는 소음과 기계음에 노출되면 대부분의 아이들은 청각적 손상을 입거나 집중력이 저하되어 주의가 산만해지는 경우가 많다. 따라서 아이들의 건강한 청각 발달을 위해 조용하고 건강한 환경이 제공되어야 한다(김정임, 2008).

슈타이너는 '영유아기에 중요한 것은 가능하면 감각으로 아름다운 리듬을 받아들일 수 있도록 해야 한다. 그 이유는 음악적인 리듬을 갖춘 움직임은 성장하고 있는 유아의 신체 기관 형성에 지대한 영향을 주기 때문이다.'라고 하였다.

영유아에게는 복잡하고 난해한 음악보다는 단순한 5음계 소리를 통해 리듬 활동에 익숙해지도록 하는 것이 중요하다. 따라서 육성으로 불러주는 단순한 노래도 유아에게는 정서적 안정감을 제공할 뿐만 아니라 의사 전달 매체로서도 훌륭하게 활용될 수 있다. 유아들의 자유 활동 시간이 끝날 즈음 교사가 유아가 해야 할 행동에 관한 메시지를 노래로 전달하는 것을 예로 들 수 있다. 또 교사가 지시어를 쓰지 않고 노래를 통해서 교육적 의도를 전달하면 아이들은 큰 거부감 없이 자연스럽게 받아들인다.

유아 심신의 건강한 발달을 위해서는 자연소리와 이에 가까운 오음계의 소리를 들을 수 있는 기회를 제공하는 것이 바람직하다. 발도르프유치원 음악 활동에서는 주로 교사와 같이 호흡을 맞추면서 동요 부르기를 하거나 5음계로 만들어진 실로폰이나 라이어를 악기로 활용한다. 인형극 시연을 위해서 5음계 미니 실로폰 사용은 유아들이 자연스럽게 인형극 시작에 집중할 수 있도록 하는 효과가 있다. 교사들이 사용하는 악기는 교수 매체로만 활용하는 것이지 기술적인 악기연주를 위한 수단으로 활용하지는 않는다.

발도르프 유아음악 활동 중에는 동요 부르기와 킨더 하프와 5음계 실로폰을 이용한 연주 등이 있다. 킨더 하프와 5음계 실로폰 소리는 유아의 마음을 편안하고 차분하게 만들어주는 효과가 있다. 또 실로폰 사용에 필요한 손가락의 움직임은 유아의 언어발달에도 영향을 미친다. 이러한 신체적인 문제뿐만 아니라 심미적인 차원에서도 아름다운 노래와 악기 소리는 유아의 내적 활동에 많은 영향을 미친다(김현경, 2014).

〈그림 4-1〉 킨더 하프와 미니 5음계 실로폰

미술

발도르프 유아 미술 활동은 아이의 내면에 잠재된 상상력을 통해 자연스럽게 자기 세계를 표현하는 것을 미술교육의 목적이자 목표로 삼고 있다. 출생하여 7세까지의 유아는 몸과 영혼과 정신이 하나로 연결되어 있어서 자기 주변의 환경에 대해 열려있는 상태이다. 따라서 부모는 아이의 감수성이 예술적으로 반영될 수 있도록 주변 환경을 멋지게 연출해야 한다.

유아는 2살이 되기 전부터 색연필이나 크레용을 쥐고 그림을 그리기 시작한다. 아이 스스로 색연필을 잡고 끄적거리는 것은 신체 성장발달 과정과 깊은 유기적 관계에 있다. 유아 미술 활동에서는 아이 심리상태와 성장발달 단계를 확인할 수 있다. 외부의 객관적인 사물보다는 내적·신체적 발달에 따른 표현이 이루어지기 때문이다.

즉 아이는 그림을 통해 무의식적으로 내부 경험을 재현하는 것이므로 작품을 통해 신체적 질병이나 어떤 특이한 경험적인 부분을 확인할 수 있다.

발도르프 유아 미술 활동은 다양하다. 크레용으로 그림 그리기, 밀랍을 이용한 조형 시간, 습식수채화 등이 있다. 이러한 활동이 이루어질 때 교사는 유아에게 어떤 주제를 주지 않고 유아가 스스로 그리고 싶은 거나 만들고 싶은 것을 하게 두면 된다. 유아에게 어떤 제목을 주고 그리게 하거나 목표를 정해 주는 활동은 창의성 발달에 부정적으로 작용한다. 어른의 간섭 없이 미술 활동이 이루어지면 아이는 점차적으로 자기가 그리고 싶고, 만들고 싶은 욕구를 표현할 수 있는 자발성이 나타난다(Jaffke, 2004). 따라서 유아는 자신감을 갖고 내적으로 느끼는 그림이나 작품을 만들면서 자연적으로 어떤 사물에 대한 형상을 그릴 수 있다. 유아 미술 활동을 통해 아이의 재능이 자연스럽게 표현되도록 도와주는 일은 교사로서 당연히 해야 할 중요한 일이다. 유아들은 모방을 통해 모든 것을 배워 나간다. 유아 미술 활동도 예외는 아니어서 색칠도 누군가의 모방을 통해 배운다. 그러므로 교사나 성인들이 색칠하는 것을 아이가 관찰하게 하면 아이는 특별한 가르침이 없어도 그림 그리는 방법을 알게 된다. 아이들은 보통 2세가 되기 전에 연필이나 크레용을 쥐고 마구 휘갈기는 그림을 그리기 시작한다. 3세가 되면 아이는 꿈을 꾸는 듯한 방식으로 그림을 그린다. 이때 어른들이 아이에게 그림에 대해 질문하면 아이는 그 내용에 대해 잘 설명할 수 없다. 내면으로 느끼는 부분을 언어로 표현하기에는 아직 어리기 때문이다.

발도르프 유아 미술 활동에서 그림 그리기는 빨강, 파랑, 노랑 3가지 색의 사각 밀랍 크레용과 함께 한다. 이 3가지 색은 세상의 모든 색을 만들 수 있는 가장 근원적인 색이다. 영유아기에 사용하는 사각 크레용은 적은 노력으로도 종이 전체를 쉽게 색으로 칠할 수 있어서 유아가 부담감 없이 미술 활동에 임할 수 있다.

유아들의 미술 활동으로 습식수채화를 배놓을 수 없다. 습식수채화는 발도르프 교육에서 큰 비중을 두고 있는 예술 활동이다. 유아들에게 있어 가장 좋은 색채의 경험은 물기 젖은 종이에 천연물감으로 그림을 그리는 것이다. 젖은 종이 위에 아이들은 자유롭게 자신의 내면세계를 표출한다. 습식수채화는 내적 풍요로움과 아이의 창의성을 키워주고 현실에 안착할 수 있는 힘을 길러 준다. 습식수채화 활동 시 먼저 각각 한 가지 색을 충분하게 경험하게 한 뒤에 두 가지 색을 제공한다. 노란색과 파란색, 노란색과 빨간색, 빨간색과 파란색을 소개해 준다. 취학 전까지는 3가지 기본색이면 충분하다. 3가지 색은 세상의 모든 색을 만들어 낼 수 있다. 수채화 물감과 젖은 종이는 고정된 윤곽을 그리기 어렵게 하는데, 이것은 아이가 환상의 힘을 발달시키는 데 좋은 역할을 한다(라히마 볼드윈 댄시. 2000).

〈그림 4-2〉 습식 수채화 활동 모습

8장

동화와 인형극

영유아시기에 전래동화와 인형극은 무한한 상상력과 창의성 발달에 영향을 주어 아이들 내면의 힘을 크게 키워준다. 동화 속에 등장하는 인물은 이 세상을 살아가는 사람들의 운명과 삶의 모습과 지혜를 내포하고 있다. 권선징악의 교훈을 내포하고 있는 옛이야기는 인간에게 많은 정신적 자양분을 제공한다. 이러한 삶의 지혜가 함축되어 있는 전래동화는 유아의 성장 과정에서 정신적인 힘으로 작용한다(Steiner, 1942). 따라서 교사는 동화 선정 시 원작 그대로의 동화인지에 대한 내용 검토가 이루어져야 한다.

최근 전래동화 원본을 각색하여 본래 내용과 전혀 다르게 개작된 동화를 많이 볼 수 있다. 전래동화 원작들은 권선징악의 의미를 내포하고 있어서 아이들에게 풍요로움을 준다. 발도르프 유아교육기관에서는 동화 1편을 선정하여 3주 동안 동일한 내용을 교사가 매일 육성으로 들려준다. 3주 동안 동화를 들은 유아들은 반복과 모방을 통하여 자연스럽게 전래동화의 내용을 내면화시킨다. 유아들에게 들려주는 모든 동화는 육성으로 조용히 전달되어야 한다. 교사는 내용에 대한 감정을 이입하지 않고 차분히 읽어 내려가면 된다. 아이들에게 동화를 들려준 교사는 동극, 인형극 시연 후에 유아에게 동화 관련하여 어떤 질문도 하지 않는다. 또 동화, 동극 그리고 인형극은 유아의 상상력과 언어발달을 위한 중요한 영역이고, 인간의 내면 본성에 잠재되어 있는 심미적·도덕적 감각능력을 키우는 데 있어서 아주 적절하다. 유아에게는 동화나 인형극을 통해 형성된 이미지나 상상력을 내면화 하는 작업이 스스로 이루어져야하기 때문이다(김정임, 2008).

동화나 인형극에 나오는 등장인물을 통하여 유아 내면에 비쳐지는 상은 유아에게 내적인 자극을 준다. 따라서 유아의 내적 세계가 제대로 형성되기 위한 동화의 선정이나 시연방법은 교육적으로 중요하다. 자유놀이 시간에 교사가 유아에게 읽어준 동화의 내용을 간단한 동극으로 표현할 기회를 제공하여, 유아로 하여금 내면화할 수 있는 교육적 환경을 제공해 주는 것 역시 교육 효과를 극대화 할 수 있다(Steiner, 1948). 아이는 연극 놀이에 참여함으로써 창조적인 힘의 자극과 언어발달도 자극을 받는다. 이러한 활동을 통해 아이는 점점 독립적으로 성장하게 되고, 창조적인 활동도 확대해 갈 것이다. 이러한 인형극에 적극적으로 참여함으로써 창의적인 힘이 발현된다.

〈그림 4-3〉 동화 인형극 시연 모습

9장
움직임을 통한 동작예술

1. 손유희 라이겐(Reigen- 윤무)

손유희 라이겐은 영유아를 위한 예술 활동으로, 인간의 의지, 사고, 감정의 3요소를 조화롭게 발달시키기 위한 중요한 활동이다. 손유희 라이겐은 계절에 따라 다르게 일어나는 자연현상을 관찰하여, 신체를 통해 표현하는 것이다. 손유희는 두 손을 이용한 예술활동으로 영아와 유아, 초등 저학년 아이들의 언어발달과 촉감각 발달에 중요한 영향을 미친다. 손유희는 언어와 움직임의 형상을 예술적으로 표현하는 활동으로 발도르프 유아 현장에 중요한 영역이다.

라이겐은 자연에서 나타나는 구체적이고 실제적인 현상을 손과 발을 이용하여 표현하게 한다. 교사는 신체 움직임만 강조하는 것이 아니라, 사고와 느낌까지 전달되도록 세심하게 주의를 기울여야 한다. 라이겐은 5세 이상 유아들의 리듬 활동으로 신체적 발달을 돕는 활동이다. 유아들의 의식화를 돕고 다양한 인간적 행위를 체험하게 하는 예술 활동으로 교사들의 신체적 행위의 모방을 통해 자신의 내면으로 들어오게 한다. 4계절의 자연의 리듬을 온 몸과 마음으로 표현하며 그 느낌을 직접 느껴보게 하는 것이다.

2. 오이리트미(Eurythmy)

오이리트미는 언어를 움직임으로 표현하는 동작 예술로 슈타이너에 의해 창안되었다. 오이리트미라는 말은 그리스어 '아름다운 (Eu)'+'리듬(rythmy)'의 합성어로 '아름다운 리듬'이라는 뜻을 갖고 있다.

오이리트미는 인간의 언어와 음악 속에 내재되어 있는 근원적인 움직임에 바탕을 두고 있다. 따라서 기계적인 움직임을 피하고 음이나 말소리에 맞춰 고유한 동작으로 표현하는 '보이는 언어예술'로 불리고 있다. 우리가 흔히 생각하는 발레나 무용이 아닌, 정신적 동작을 중시하는 새로운 예술형태이다. 또 오이리트미는 개인적인 예술성을 표현하는 것이 아니라, 언어와 음악이 가지는 고유한 특성들을 드러내고자 하는 예술활동이다. 유아 신체와 정신의 조화로운 발달을 위한 중요한 동작 예술영역이다. 아울러 자연현상을 관찰하여 사실적이면서 예술적인 요소로 표현하는 동작 예술로 유아 스스로가 즐겁게 자신을 표현하는 예술적 매개이다. 또 유아의 신체 운동만을 위한 것이 아니라 몸, 마음, 정신의 통합적 작용을 위한 효과도 매우 크다.

유아 오이리트미는 인간의 기본동작 원리에 중점을 두고 있다. 유아의 신체 발달을 도모하면서 신체에 대한 의식과 더불어 내적 세계를 발현하도록 하기 위한 것이다. 여기서 동작은 단순히 외형적인 표현뿐 아니라 인간의 내적인 것과 외적인 것이 상호작용하여 표현되어야 하는 점이 중요시된다. 이러한 동작 교육은 음악성이 동반됨으로써 예술적인 교육 효과가 함축되어 있다(헤닝 한스만, 2001).

수공예

슈타이너에 의하면 수공예 활동은 인간의 단순한 육체적 활동이 아니라 정신과 영혼에 깨우침을 주는 과정이다. 수공예 작업은 손과 발의 협응으로 만들면서 머리로 생각하고, 마음으로 느끼며 영혼을 맑게 하고, 아울러 세상을 이해하는 방식을 알려주는 진정한 예술이라고 강조하였다.

수공예 활동의 목적은 기능의 학습에 있는 것이 아니라 삶의 다양한 측면을 이해하게 하는 데 있다. 수공예의 다양한 예술적 방법들을 통하여 유아의 창의적인 생각과 상상력 및 개성을 여러 가지 도구와 재료를 통해서 현실적으로 작품을 완성하는 것을 넘어 세계를 이해하고, 자신을 완성해 가는 하나의 과정인 것이다.

슈타이너는 '사고는 질서 정연한 뜨개질과 같다'라고 하였다. 섬세한 손의 움직임은 뇌의 발달과도 관련있다. 뜨개질은 단순한 기능의 학습뿐 아니라 아동의 창조성과 생산성도 고취시킬 수 있다.

만 3~4세 정도의 유아라면 기초적인 바느질 작업을 즐길 수 있다. 만 3~4세 유아들은 교사들의 바느질하는 행위를 모방하면서 즐거운 마음으로 끝까지 작품을 완성하는 것을 볼 수 있다. 수공예 활동은 유아들의 성취 의욕을 자극하여 인내심을 길러준다. 유아가 뜨개질하는 방법을 배워 조금 능숙해지면 쉬지 않고 계속하는 것을 볼 수 있다. 본인 스스로 작업의 오류를 발견하고 다시 풀고 처음부터 다시 실행하게 되는 과정을 겪으며 집중력과 예민성을 발휘하여 마지막까지 작품을 완성하는 것을 볼 수 있다.

만 4~5세 정도의 유아들은 수틀 작업의 기본 원리인 직조 활동이 가능하다. 이외에도 대바늘을 이용한 달팽이 끈 만들기, 천연 펠트 공 만들기, 십자수 바느질하기, 천연 펠트 가방 만들기 등 다양하고 작업이 복잡하며 고도의 기능을 요하는 수공예 활동도 가능해진다. 유아가 수공예 활동을 하는 동안 유아 자신은 스스로 기쁨이 충만해지고, 활기차게 생각하고 사고하는 통합적 발달에 긍정적인 영향을 미치게 된다. 유아들은 자신의 연령이나 기질 발달 단계에 따라 수공예 활동을 실시하며 자신만의 창조적인 세계로의 발전을 거듭해 나아 간다(로빈 잭슨, 2011).

〈그림 4-4〉 유아 수공예 활동 모습

V

발도르프 치유교육과
성(性)교육

$$\widehat{11장}$$

발도르프 치유교육

발도르프 치유교육은 인지학에 기초한 특수교육을 말한다. 슈타이너는 이러한 개념을 좀 더 명확하게 '영혼적으로 특별한 보살핌이 필요한 아이를 위한 교육'이라 칭하였다.

1919년 루돌프 슈타이너는 장애아동 교사들로부터 정신 장애아를 위한 인지학에 기초한 교육의 토대를 마련해 달라는 건의를 받게 되면서 발도르프 치유교육이 시작되었다. 그는 장애아를 비장애아와 동일하게 육체적, 영혼적, 정신적으로 계속 발전하는 존재로 보았다. 장애아도 건강한 정신적 개별성(individuality)이 영혼적, 신체적 발달 안에 들어 있다.

장애아동의 장애는 자신을 외부로 표현하고 발달시키고자 하는 가능성을 제한한다. 이를 두고 슈타이너는 피아니스트가 조율이 안

된 피아노로 자신의 음악적인 재능을 다 표현할 수 없는 것과 같다고 하였다. 슈타이너의 치유교육은 아이 자신의 개별성을 어떻게 발달시킬 수 있는가에 중점을 두고 있다. 따라서 장애아동의 치료나 수업 교육과정 안에 개별성 발달의 힘을 저해하는 장애들을 제거하는 작업에 중점을 두고 있다. 마치 모든 비장애인이 삶의 과제를 찾아 만들어가고자 하는 것처럼, 장애인도 각자의 개별성 과제를 실행할 수 있도록 지원하고 있다(헤닝 한스만, 2001).

장애아동의 치유적 접근과, 장애인의 삶을 존중하며 장애인과 비장애인이 함께 공동체를 이루어가고 있는 캠프힐 내용을 간략하게 살펴보고자 한다.

1. 장애아동의 치유적 접근

발도르프 치유교육에서는 장애아동을 위한 폭넓은 접근을 하고 있다. 우선 몸과 마음과 영혼의 건강을 위해 신선한 식품의 유기농 음식 제공이다. 인스턴트 식품이나 중독성이 있는 식품은 줄이고 깨끗하고 영양가 있는 식사를 제공한다. 그리고 각 장애아동 질환에 따른 치료(물리치료, 안마치료, 유액 목욕법, 운동치료, 보스머체조, 승마치료 등)와 다양한 예술치료기법(습식수채화, 치유 오이리트미, 음악치료, 색광 치료, 놀이치료, 연극치료, 청음 공간치료, 유색 그림자 치료) 등의 처방과 지원이 이루어진다.

이에 사용되는 의료적 치료법으로는 인지학적 치료, 동종요법치료, 약초치료 등이 제공된다. 이 외에도 각 장애아동의 자립 가능성을 최대한 발휘하기 위하여 추가적인 도움의 지원이다. 이 도움은 각 아동에 맞게 특별히 설계된 치료법으로 제공된다. 이 치료법은 아동의 발달이 지체되고 손상된 세세한 부분에 지원이다. 예를 들어 언어에 지체된 아동의 경우 언어장애 원인과 진단 및 평가가 이루어진 후 그에 맞는 맞춤형 치료가 이루어진다. 이 외에도 영아시기에 양육문제로 발생하는 과잉행동 증상과 공격적 행동에 대한 문제도 각 아동에 따라 정확한 진단과 이에 대한 치료적 접근이 요구된다. 이에 따라 발도르프 치유방법으로 승마치료법, 손유희, 라이겐, 언어치료, 치유 오미리트미 등이 치료적 접근으로 이루어지고 있다.

이러한 지원을 통해 언어적 기술이 향상되고, 자신감이 회복되며, 학교 수업에 원활히 적응하여 친구들과의 사회적 관계도 향상된다. 이렇게 다양한 행동적인 문제나 장애 치료지원은 각 아동에 맞는 치유기법 적용방법에 신중을 기하고 있다.

장애아동에게 적용되는 치료법은 매일, 주1-3회, 6주, 6개월 과정으로 적절한 환경이 제공되는 별도의 공간에서 진행한다. 이러한 다양한 치료 방법을 통해 두려움을 갖고 있던 장애아들이 용감하게 두려움을 극복하고, 용기와 자신감의 회복으로 자신이 속한 집단에서 안정감을 갖고 살아갈 수 있게 된다.

2. 장애아동의 공동체 캠프힐(Camphill)

캠프힐은 1939년 오스트리아 소아과 의사 칼 쾨니히(Karl Koning)가 루돌프 슈타이너의 교육과 사회생활의 개념을 기초하여 만든 장애아동 공동체이다. 캠프힐 명칭은 1940년 6월 캠프힐 운동 개척자들이 정착하였던 스코틀랜드 에버딘 캠프힐 지역 이름에서 유래되었다. 캠프힐은 기독교 사상과 슈타이너의 가르침을 기반으로 한다. 캠프힐의 사명은 발달장애를 가진 아이와 청소년이 교육, 대가족 생활, 치료를 통해 온전함을 만들어 잠재력을 더 충분히 발휘하여, 삶에 의미 있게 참여할 수 있도록 하는 것이다.

오늘날 유럽, 북미, 남아프리카, 인도의 20개 이상의 국가에 100개 이상의 캠프힐 커뮤니티가 전 세계적으로 운영되고 있다. 캠프힐에서는 학습장애, 정신건강 문제 및 기타 특별한 요구 사항이 있는 영유아 청소년 및 성인에게 상호 존중과 평등의 분위기에서 장애인과 비장애인이 함께 살고 배우고 일할 수 있도록 지원하고 있다. 캠프힐에서는 이들이 추구하는 철학과 사상에 동의하는 사람들을 환영한다. 또 장애인과 비장애인이 함께 공존하며, 본인이 원할 경우 정원과 농장에서 유기농 및 생명농법 원칙을 따르면서 노동에 참여할 수 있다.

캠프힐에서는 장애아동의 교육과 치료 수단으로 다양한 수공예 작업에 참여하게 한다. 수공예 수업 중에서 특히 실을 만들어 내는 기술을 익히게 하고 천짜기 등의 기술도 익히게 한다. 장애아동들은 양털에서 실이 되어 나오기까지의 모든 과정을 눈으로 직접 보며 배우게 된다. 이러한 활동을 통해 장애아동은 정서·행동적으로 안정되는 것을 볼 수 있다.

장애아동에게 실을 만들기 위해 사용되는 기구는 전통적인 물레(spinning wheel)를 사용한다. 이 물레는 손과 발 그리고 눈의 협응을 필요로 한다. 장애아동은 처음에는 제대로 물레를 작동하기 어려워하지만 계속 반복되는 동작 훈련을 통해 물레가 제대로 움직이는 경험을 하게 된다. 이러한 동작이 반복되면서 천 짜는 과정을 배우게 되는데 이 과정에서 아이들은 큰 즐거움을 갖는다. 베틀을 이용하여 천을 짜는 과정을 통해 특히 집중력과 협응에 또 중증장애를 보이는 학생들의 치료적 차원에서 작업하게 한다. 이러한 작업이 능숙하게 되면 많은 집중력과 손과 발 그리고 눈의 협응력이 서로 리듬감을 갖고 유기적인 상호작용을 해야 만들 수 있는 복잡한 무늬를 만들도록 지도한다. 장애아동들은 이러한 과정을 통해 만들어진 자신이 만든 작품을 보며 성취감과 기쁨을 경험하게 된다. 또한 완성된 작품이 다양한 목적으로 사용하게 되고, 그 작품을 얼마나 높이 평가해 주는가를 스스로 목격하게 된다. 이러한 경험들이 장애아동들의 내적 충만함과 자기 가치에 대한 감각을 키우므로 종합적인 내적 치료가 이루어진다.

캠프힐에서는 수공예 수업 외에도 중증 장애아동의 경우 몸을 통한 노동을 통해 치료의 효과를 얻고 있다. 장애인들에게 노동이 지닌 존엄성과 의미를 경험하는 것은 매우 큰 의미가 있다.

중증장애인이 신체적 장애로 인해 노동에 참여하지 못해도 상대방의 노동하는 모습을 관찰하는 것만으로도 의지력 향상에 도움이 된다. 따라서 아무 의지도 없고 삶의 희망이 없던 장애인들을 노동현장에 참여시켜 다른 사람의 노동을 관찰하게 하는 이유가 여기 있다. 이렇게 타인의 노동을 관찰하는 것만으로도 장애인 스스로 삶의 책임감을 갖게 되어 자신의 삶 속에서 스스로 하고자 하는 의지가 증가하게 된다(로빈 잭슨, 2011).

12장
발도르프 영유아 성(性)교육

　전문적인 성(性) 교육자들은 아이들이 탄생하는 순간부터 성에 대한 이해가 필요하다고 하였다. 태아기부터 아기들은 태내부터 생식기 세포가 발달하면서 각자의 성별에 따라 자궁에서 생물학적 성발달이 이루어진다. 남아의 경우 태아에서 발기가 관찰되고 갓 태어난 아기도 자연스럽게 발기가 일어난다. 여아의 경우도 출생 시부터 질은 윤활되고 클리토리스는 부풀어 오르는 현상이 성별에 따라 태내에서 부터 다르게 이루어짐을 볼 수 있다.

　영유아들은 일반적으로 모든 것에 대해 호기심을 가지고 있고, 성적 분야도 그들에게 관심을 가지는 분야 중 하나이다. 영유아들은 자신의 몸이 어떻게 생겼는지, 다른 사람의 몸은 어떤지에 대해 궁금해한다. 또 자신이 어디에서 어떻게 이 땅에 왔는지 출생에 대해서도 매우 알고 싶어 한다. 영유아들은 성장하며 점차 사춘기를 향해 나아가면서 비로소 그들은 성적인 의미와 끌림에 대한 더 깊은 이해를 하기 시작한다(Yocheved Debow, 2017). 따라서 영유아의 성교육은 기본적인 이들의 심리발달 이해와 연령이 고려되어야 한다. 만약 이를 무시한 성교육은 오히려 부작용이 발생할 수 있다.

영유아들은 아직 성에 대해 성인처럼 에로틱한 것을 상상하거나 추구하지 않는 연령에 대한 이해이다. 이러한 영유아 성 발달의 이해 부족으로 영유아교육기관에서 성관련 문제들이 해결되지 못하고, 극단으로 치닫는 경우가 종종 발생한다. 그러므로 영유아들의 성교육은 성 관련 지식 전달보다는 성 태도의 함양에 더 비중을 두어야 한다.

1. 영아 성(性) 발달의 이해

영유아의 성교육 적합한 장소는 가정이다. 영유아들의 자연스러운 삶의 공간인 가정생활 속에서 부모들의 성 역할을 통해 자연스러운 면을 보고 성에 대해 인식하게 된다. 부모가 서로 자신의 성 역할을 제대로 할 때 자녀들은 자연스럽게 성의 개념을 가지며 성을 인지하게 된다. 부부가 서로 사랑하고, 친밀한 관계를 유지하면 자녀들은 성에 대해 건강한 의식을 갖게 된다. 반면 부부관계가 늘 갈등 속에 있다면 아이들은 성에 대해 편견과 부정적 무의식을 갖게 된다. 따라서 영유아들에게 어린 시절 정서적으로 안정된 가정을 경험해야 하는 이유가 여기 있다.

영아 자신이 양육자로부터 사랑을 받는 소중한 존재라는 신뢰감을 형성한 아이들은 인간관계의 긍정성을 갖는 것과 동시에 성에 대한 바른 이해의 출발점이 된다(마티아스 바이스 외, 2014).

1) 촉각의 중요성

촉각은 우리의 주요 감각 중 하나이다. 영아들은 자신의 모든 신체 부위를 만지며 논다. 자신의 모든 신체 부위를 맘껏 만지고 탐색하며 신체에 대해 알아간다. 특별히 영아는 자신과 타인을 직접 만져보고 물건을 입으로 가져가 느껴봄으로써 세상을 이해한다. 이 시기에는 신체를 마음껏 만지고 간지럽히고, 껴안는 등의 스킨쉽을 통해 아기들이 편안하고 긍정적인 신체 감각을 경험하게 한다.

이렇게 영아가 주 양육자로부터 편안하고 안정된 스킨십과 보살핌을 받아본 경험은 인간에 대한 신뢰감 형성의 기초가 된다. 이러한 경험은 향후 성인이 되어 부부관계의 긍정적인 영향을 미치게 된다. 따라서 영아는 부모와의 신체적 친밀감의 초기 스킨쉽 경험은 향후 육체적 친밀감과 사랑의 성숙한 형태를 이루어가는데 토대가 된다. 부모와 아기의 정서적 애착 표현의 초기 경험은 육체적 친밀감과 사랑의 성숙한 형태의 토대가 된다.

영아기에 부모가 영아 발달과 성장에 올바른 이해를 하고 있으면 아이의 건강한 발육에 긍정적인 영향을 미친다. 부모가 아이를 가까이, 편안하게 안아주는 등의 따뜻한 양육을 경험한 아이는 자신의 신체적인 친밀감 반응에 긍정적인 영향을 미친다. 그러므로 영아기에 부모와의 양육 관계가 향후 성에 대한 태도 형성에 중요한 기초가 된다.

2) 본능적 행위

남아들은 아침에 일어날 때 나타나는 발기 형상은 본능적 행위로 자연스러운 현상이다. 아이는 그 상태에서 쾌적한 느낌을 얻는다. 성인들은 아이들의 이런 신체적 반사적 작용을 있는 그대로 자연스럽게 여기고 특별히 주목하지 않는 것이 좋다.

또 남아가 자신의 발기된 생식기를 만지며 노는 것도 주목하지 않고 그대로 편안하게 두는 것이 좋다. 이 때 부모가 유념해야 사항은 장난으로라도 아이의 생식기를 만져서는 안 된다는 것이다. 부모들은 기저귀를 갈 때 발기가 되어있는 남아의 성기를 자주 발견한다. 이때 부모들은 어린 자녀가 자신의 생식기를 만지는 것을 보고 걱정하며 아이가 이미 자위 행위를 하고 있다고 염려할 수 있다. 그러나 영아들의 이러한 현상은 자연스러운 일이다. 부모들은 아이들의 이러한 행동에 대해 정확한 이해를 가져야 한다. 부모는 아이가 성기 만지는 것을 야단하거나 망신시킨다면 아이는 자신의 몸을 부끄럽고 더러운 것으로 인식하기 시작한다.

중요한 것은 아기가 자신의 성기를 만지지만 성인들처럼 성적인 이미지나 상상력을 갖고 만지지 않는다는 것이다. 영아가 생식기를 만지는 것은 자신의 엄지손가락이나 발가락을 빨고 있는 것과 같은 일이다. 그러나 일부 아이들이 갑작스런 환경의 변화로 자위 행위가 나타날 수 있기 때문에 아이를 잘 관찰해야 한다. 유아들의 자위 행위는 심리적 박탈감이나 정서적 불안으로 나타나는 경우가 대부분이다. 부모와의 상담를 통해 환경을 개선해 주시면 유아 자위 행위는 사라지므로 아이의 근본적 문제가 해소되도록 도와줘야 한다.

2. 유아 성(性) 발달의 이해

유아들은 만 3세가 지나면서 성과 관련된 질문을 하기 시작한다. 유아의 질문에 어른들이 지켜야 할 규칙은, 사실적이고 과학적인 답변은 필요가 없다는 것이다. 유아에게 '내면의 상(像)'을 줄 수 있는 설명이면 답으로 충분하다.

1) 출생의 관한 질문

유아 시기가 되면 아이들은 자신의 근원적인 정체성 즉, 자신의 출생에 관해 질문하기 시작한다. 부모들은 아이가 질문하는 내용에서 궁금한 내용이 무엇인지 정확하게 파악해야 한다. "엄마 나 어떻게 태어났어?", "내가 어떻게 엄마 뱃속에 들어갔어?" 이러한 질문은 성적, 육체적 및 성과학적인 질문이 아니고, 근원적인 자신의 정체성에 관한 질문이다.

이때 어른들이 당황하며 성과학적 지식을 전달하려 한다면 유아를 혼란스러워 한다. 유아는 훨씬 더 근원적인 것을 알고 싶어 한다. 따라서 영혼을 위한 영적인 상상을 하며 느낄 수 있는 생일 탄생동화 같은 근원적인 내용 제공이 요구된다. 영유아가 자신의 출생을 궁금해할 때 이 탄생 동화 하나로 자신의 정체성 근원에 관한 질문에 답이 될 수 있다(Yocheved Debow, 2017). 아이들을 위한 생일 탄생동화 내용은 다음과 같다.

탄생동화

옛날에 한 아이가 하늘에 살았어요. 이 아이는 땅 세상이 너무 궁금해서 날마다 구름 사이로 땅 세상을 구경했지요. 어느 날 하늘의 왕이 아이를 불렀어요.

"아이야, 땅 세상에 가고 싶으니?"

아이는 "네."라고 대답했어요. 그러나 하늘의 왕이 말했어요.

"내가 수호천사 2명과 함께 땅 세상에 내려 보내줄 테니 언제든지 내가 부르면 다시 돌아와야 한단다."

하늘의 왕과 약속을 하고 수호천사와 함께 아이는 땅 세상으로 내려가기로 했어요. 한참을 가다가 구름 사이로 아래를 내려다 보았어요. 그때 하늘의 왕이 "저기 어여쁜 아주머니와 멋진 아저씨가 너의 엄마와 아빠란다." 하며 무지개 미끄럼틀을 태웠어요.

"네가 엄마 아빠 품속에서 행복하게 살다가 내가 다시 부르면 하늘로 올라와야 한다." 하며 엄마 아빠 품속에 아이를 쏙 넣어 주었어요.

아이는 무지개 미끄럼틀을 타고 내려와 커다란 꽃밭에 떨어졌어요. 그리고 한 달이 지나고, 두 달이 지나고, 석 달이 지나 아주머니의 배가 이만~큼 불렀어요. 그러던 어느 날 어여쁜 아주머니가 꿈을 꾸었어요.

(각자 아이 태몽 이야기를 들려준다)

집채만큼 커다란 호랑이 한 마리가 집 앞을 서성이는데 그 옆에는 늑대가 호랑이를 지켜 주고 있었대요. 그런데 갑자기 코뿔소, 사슴, 얼룩말, 멧돼지 등 온갖 동물이 집으로 들어오려고 하자 커다란 호랑이가 그 동물을 모두 물리치고 아주머니의 집으로 들어와 편히 쉬었답니다. 꿈을 꾸고, 한 달이 지나고 두 달이 지나고 드디어 열 번째 달이 되었어요. "응애! 응애! 응애!" 하며 귀엽고 사랑스러운 한 아기가 태어났는데 그 아이의 이름은 바로 우리 OOO랍니다.

아이들은 탄생 동화를 들으며 근원적인 자신의 정체성을 확인하고 안도감을 갖게 된다. 유아들의 자신의 근원적인 궁금증에 관한 질문은 성과학적 지식은 필요하지 않다. 오히려 유아 성교육 내용으로 성과학적, 성생리학적 접근은 오히려 호기심이 생겨 금기하는 행동이 발생할 수도 있다.

유아들은 성과 관련된 질문에 어른들이 불편해 하거나 실망한다는 느낌이 아이들에게 전달 될 때 아이들은 성과 관련된 주제는 부정적인 이미지를 갖기 시작한다. 따라서 부모들은 여유를 갖고 아이 발달 단계에 맞게 대처해야 한다.

부모들은 유아들에게 신체의 모든 부분에 올바른 이름을 가르쳐야 한다. 유아들은 신체 부위의 이름을 인지함으로써 성 관련 신체 부분의 부끄러움을 느끼지 않는다. 따라서 신체에 대해 간단하게 설명해 주면 아이들은 훨씬 당당한 마음을 갖게 된다.

2) 병원·의사 놀이

유아기에 병원·의사 놀이는 자연스러운 놀이이다. 유아들이 서로 옷을 벗고 성기를 검사하는 등의 놀이는 흔한 일이다. 유아는 주변 세계의 호기심으로 이것저것을 탐색하고 싶고, 친구의 몸도 탐색하고 싶어 한다. 유아들의 병원·의사 놀이를 관찰하면 다음과 같은 사실을 확인할 수 있다.

의사가 된 아이가 친구의 생식기 부위만 뿐 아니라 몸의 다른 부위도 탐색하고자 한다. 유아들의 의사놀이 중에 아이가 하는 신체 탐색은 전혀 성적인 내용을 담고 있지 않다. 아이가 놀면서 친구의 몸을 만지고 조사하는 행위는 성인의 성적 행위와는 전혀 다르다. 성인들의 성은 현실에서든 상상 속에서든 늘 타인과 연결되어 있다. 그러나 유아의 이런 행동은 결코 누군가를 향하거나 상상하는 가운데 이루어지지 않는다. 자기 성기를 만지는 자위 행위 경우에도 아이는 어떤 사람과의 성행위를 상상하지 않는다. 그리고 아이는 사랑과 관심과 부드러운 신체적 접촉을 좋아하지만 그것은 어느 경우에도 성적 욕구가 아니라는 것을 명심해야 한다.

이외에도 교사들은 유아들의 의사놀이 시 주의 사항은 유아들과 경계를 정하는 게 좋다. 유아들의 숨겨져 있는 타인의 은밀한 사적인 신체적 부위에 대해 궁금하지만, 의사놀이의 규칙은 놀 때 옷을 입고 있어야 한다. 또 의사놀이 시 누구나 볼 수 있는 넓은 장소에서 놀이해야 하는 한계를 명확히 설정한다. 규범이라는 측면에서 볼 때 유아들이 나이가 비슷하면 이런 행동은 별로 해롭지 않다. 서로의 옷을 벗고 성기를 검사하는 등 의사놀이는 흔한 일이다. 이러한 놀이를 통해 유아들은 의사놀이나 병원놀이 등은 그들의 호기심을 충족시키기에 충분하다.

이외에도 의사놀이 시 참여하는 아이들의 나이가 3살 이상 차이가 나면 그 놀이 진행 여부를 신중히 고려해야 한다. 게다가 의사놀이 시 물건이나 손가락을 성기에 넣으려는 행동을 해서는 안 된다. 또 성적으로 부적절한 행동이나 TV 등에 장면을 그대로 모방하는 것은 금지 사항임을 확인시켜 주는 것이 중요하다. 어른들은 유아들의 병원·의사 놀이 시 놀이에 개입하지 말고 여유를 갖고 옆에서 조용히 지켜보면 된다.

요약하면, 유아들이 좋아하는 의사놀이, 병원놀이는 해로운 것이 아니고, 사람의 몸에 관심을 두고 행하는 놀이일 뿐이다. 정상적으로 성장·발달하는 유아는 결코 성적 자극을 찾지 않고, 음란 사진에도 관심을 보이지 않는다. 성적 자극은 성인의 성에서 나타나는 특징일 뿐이다. 유아가 성과 관련된 신체 부분을 만지는 것은 타인과 상관없이 이루어진다. 혹시 엄마의 가슴을 더듬거나 음모를 잡아 당겨도, 그것은 성 문제에 속하는 것이 아니라 세상에 대한 관심의 표현일 뿐이다. 건강하게 잘 성장하는 유아들은 어른이 생각하는 성적인 행위가 존재하지 않는 시기임을 명심해야 한다(Yocheved Debow, 2017).

3) 절제 근육 키우기

유아기의 올바른 성교육은 자신의 욕구를 절제하고 인내하는 경험이 필요하다. 유아기에 어떤 것을 갖고 싶어도 참고 기다리는 경험은 매우 중요하다. 이러한 경험은 인간의 기본적 본능 즉, 배고픔의 욕구를 통제하는 훈련을 통해 아동·청소년기부터 일어나는 성욕구를 통제할 수 있는 중요한 요소가 된다.

유아가 갖고 싶은 장난감을 바로 갖고 싶지만 기다림의 만족 지연을 경험하는 것은 중요한 사항이다. 아이들이 장난감을 갖고 싶어할 때 즉시 사 주는 것보다 목표한 날짜를 정해서 사 주거나, 스스로 가정에서 용돈 벌이를 통해 구매하게 하는 경험은 꼭 필요하다. 한 사람의 인생을 바꿀 수 있는 것이 바로 만족 지연 능력의 힘이다. 충동을 통제할 줄 아는 아이들은 불안이나 분노를 견디는 능력도 뛰어나다.

자녀가 성공적으로 성장하기를 원한다면 욕구를 참고 인내하는 방법을 배울 수 있도록 해야 한다. 만족지연 능력이 떨어지면 미래의 성공보다 현재의 자극적인 만족에 이끌리기 쉽고 집중력이 약해지는 현상이 나타날 수 있다. 자녀들의 미래를 위해 만족을 지연시킬 수 있는 힘을 키워주는 것이 필요하다.

유대인들은 자녀들의 절제의 힘을 키워주기 위해 대속죄일(욤키푸르, Yom Kippur) 절기 때 온 가족이 금식에 동참한다. 이들은 자녀들이 금식을 경험하면서 인간의 기본적 본능 즉, 배고픔의 욕구를 통제하는 훈련을 통해 아동·청소년 시기 이후 성 욕구를 통제할 수 있는 절제 근육을 키우는 기회로 삼는다. 유대인 부모들은 자녀들이 금식을 통해 절제 능력을 키울 수 있기에 자녀들 스스로 자신의 몸을 건강하고 거룩한 삶을 살도록 유아기부터 금식에 참여하는 전례를 지키고 있다(현용수. 2012).

유아기 성 관련 부모 Q&A

편집자 주: 어린이나 유치원의 유아'성'교육 관련 교사와 부모교육 시 자주 질문하는 내용들을 지면 상 몇 가지만 실었다.

Q: 6세 여아 자위 행위, 어떻게 지도해야 되나요?

A: 어린이집이나 유치원에 자위 행위 하는 아이들이 증가하고 있습니다. 영유아들의 자위 행위는 성인과 전혀 다릅니다. 성인들의 자위 행위는 현실이나 상상 속에서 누군가와 연결되어 있으나 아이들은 그렇지 않습니다. 영유아의 자위 행위는 부모의 양육과정에서 아이에게 상실감, 방임, 애정결핍 등이 원인인 경우가 많습니다. 아이가 자위 행위를 보일 때 교사들은 당황하지 말고, 부모 상담을 통해 원인을 파악해야 합니다. 부모가 아이에게 관심을 기울이면 자위 행위가 사라지기도 합니다.

Q: 9세 아들과 6세 딸이 함께 목욕해도 되나요?

A: 9세 정도면 아이들은 자연스럽게 수치심을 느끼는 시기입니다. 인간은 누구나 자신의 가장 사적인 부분을 보호받고 싶어합니

다. 옛말에 '남녀 칠세 부동석'이라는 격언이 있지요. 9세 아들은 혼자 목욕하게 하거나 아빠와 함께 하는 게 더 좋습니다.

Q: 5세 아들이 아빠 성기를 장난감처럼 여기는데 어떻게 해야 하나요?

A: 5세 아들이 관심받고자 한 행동일 수 있습니다. 아빠 성기를 만지려고 할 때 아무 관심을 주지 않으면 아이 행동은 점점 줄어듭니다. 혹, 어른이 아들의 성기를 갖고 장난쳤던 경험이 그런 행동을 하게 할 수도 있습니다. 아무리 어린 신생아라도 의도성을 갖고 성기를 만져서는 안 됩니다.

Q: 6세 아들이 자신의 성기를 자꾸 보여주려고 하고 자꾸 만져요.

A: 자신의 성기를 보여주는 행동은 부모의 관심을 끌고자 하는 행동일 수 있습니다. 그런 문제행동을 할 때 반응을 보이지 않는 게 좋습니다. 그런 행동을 보일 시 부모가 혼내거나 심하게 반응을 하면 아이는 그 행동을 계속하게 됩니다. 6세 아들과 함께 하는 시간을 늘리고 사랑을 듬뿍 주면 문제행동은 점점 줄어들게 됩니다.

Q: 남매 2층 침대 사용 몇 살까지 가능한가요?

A: 남매 중 손위가 누나이면 남동생이 초등학교 입학 후부터는 분리해도 좋을 것 같습니다.

13장

성경적 성(性) 교육

최근 우리 사회에서 발생하는 여러 성 관련 문제 원인은 근원적인 성에 무지로부터 발생한다. 요즘 아동·청소년들은 과거와는 다르게 인터넷, 유튜브 등을 통해 음란물 영상들을 쉽게 접할 수 있다. 따라서 아동·청소년 시기에 올바른 성 가치관과 성 인식이 제대로 형성되지 않으면 성 충동으로 이어져 성범죄 발생 가능성이 높아지고 있다.

아동·청소년기에 종교적, 영적 수준이 높아질수록 위험한 행동들이 감소하여 건강한 행동이 많아진다는 연구 결과를 토대로 근원적이고 전통적인 성경적 성교육(Biblical Sexuality Education)이 필요한 시대에 살고 있다. 우리가 아동·청소년들에게 근원적인 질문인 성이 무엇인지, 왜 하나님께서 인간에게 성을 선물로 주었고, 성을 통해 무엇을 하기를 원하시는지 등의 근원적인 이해가 선행되어야 한다.

성경은 하나님은 왜 인간에게 성 욕구를 주셨는지, 성 욕구를 통해 무엇을 원하시는지에 대한 근원적 질문에 답을 제시하고 있다. 성경에서는 '성'이란 인간의 본성에 내재된 아름답고 소중한 것이며 하나님의 위대한 생명 창조에 함께 쓰임 받기 위해 주신 선물임을 밝히고 있다.

최근에 공교육에서 행해지고 있는 성교육은 생식기 관련 성과학적, 보건학적, 생물학적, 질병 예방학적 교육에 집중되어 있다. 그러나 성경적 성교육(Biblical Sexuality Education)은 성경을 기초한 생물학적, 사회학적, 발달심리학적, 영적 차원을 모두 포괄한 교육이다. 이러한 성경적 성교육을 통해 자아 정체성 확립과, 왜 태어났고, 왜 결혼을 해야 하는지, 왜 자녀를 낳아 키워야 하는지 등의 질문에 해답을 얻음으로써 인생의 진정한 의미를 알 수 있게 한다(이미란 외, 2019).

1. 성경적 성교육의 의미

성경적 성교육(Biblical Sexuality Education)은 모세가 하나님으로부터 받은 십계명 중 "간음하지 말라"는 7계명을 지키기 위한 남녀의 윤리적인 내용을 기초로 하고 있다. 성경적 성교육은 부부가 7계명인 "간음하지 말라"는 언약을 지키며 평생 권태기 없이 행복하게 살 수 있는 비결과 개인의 성적 성장발육 도움과 사회의 윤리, 도덕에 부합하는 원만한 인격을 갖추게 하는 초석을 제공한다

하나님이 태초에 창조하신 것은 바로 '가정'이다. 하나님은 자신의 형상대로 아담을 만드시고 그를 돕는 자 하와를 지으시고 둘이 연합하여 살게 하셨다. 이것이 창조의 섭리이다. 그런 의미에서 성경적 관점에서의 성은 하나님과 거룩한 연합을 의미한다. 따라서 결혼의 의미는 남편과 아내가 부부관계를 맺을 때 하나님과 연합해 창조 사역의 동역자가 되는 것을 뜻한다. 남자와 여자가 만나 하나님과 하나 되는 것이 바로 결혼의 목적이다.

결혼은 인생의 어떤 어려움과 고난이 있더라도 성숙과 성화의 계기로 삼고 아름다운 하나님의 성소를 만들어야 하는 하나님의 깊은 뜻이 숨어 있다. 이스라엘 백성이 애굽에서 탈출 이후 광야에 머무를 때 하나님은 성막을 짓도록 했다. 성막은 하나님의 임재를 상징하고 있으며 중심에는 성소와 지성소가 있다. 결혼식의 궁극적인 목적은 두 남녀가 만나 가정을 '성소'로 만들겠다는 약속을 여러 증인과 하객 앞에서 표명하는 것이다. 성소의 가장 깊은 곳, 즉 안방은 하나님의 연합으로 거룩한 생명이 창조되는 지성소이다. 결혼은 단순히 행복을 넘어 '거룩한 성소'를 만드는 과정이다.

"하나님이 자기 형상 곧 하나님의 형상대로 사람을 창조하시되 남자와 여자를 창조하시고 하나님이 그들에게 복을 주시며 그들에게 이르시되 생육하고 번성하여 땅에 충만하라, 땅을 정복하라... 다스리라 하시니라" (창 1:27-28)

여기서 "생육하고 번성하라."고 명령하셨다. 이 의미는 "하나님의 자녀들로 세상에 충만하라."라는 하나님의 명령어이다. 이런 의미에서 사람의 결혼은 선택의 문제가 아니라 필수이며, 부부관계를 통해 자녀를 많이 낳아 하나님의 자녀로 양육하라는 명령이다. 즉, 사람이 결혼을 통해 가정을 이루어야 생육하고 번성할 수 있기 때문이다.

결혼을 통해 남자와 여자는 온전하고도 완전한 하나의 사람이 될 수 있다. 하나님은 이 둘의 연합, 특별히 부부에게만 허락하신 육체의 결합을 통해 한 몸이 되는 신비를 주셨다. "둘이 한 몸을 이룬다."라는 말은 문자적으로 서로 완전히 달라붙어 있다는 말이다. 남편과 아내는 육체적으로뿐만 아니라 정신적 그리고 영적으로 서로 붙어 있어야 한다. 그렇게 되었을 경우 하나님과 하나 됨을 이룰 수 있다. 그 신비는 생명으로 연결되고 생명은 또 다른 생명으로 이어지게 된다.

이런 의미에서 볼 때 하나님께서 인간에게 성적인 욕구를 주신 것은 소중하고 거룩한 일이다. 결혼을 통해 남자와 여자가 하나 되어 하나님의 창조 사역을 이어나가는 동역자로서의 귀한 신비함이 숨어 있는 것이다.

2. 동성애의 성경적 이해

동성애는 같은 성별을 지닌 사람들이 감정적, 성적 끌림으로 성관계를 맺는 것을 말한다. 동성애는 'LGBT'라고 부른다. 이는 레즈비언(Les-bian), 게이(Gay), 양성애자(Bisexual), 트랜스젠더(Transgender)를 합한 단어이다.

요즘 우리 사회에 동성애를 바라보는 다양한 인식이 생겨나고 있다. 남성 동성애자를 '게이', 여성 동성애자를 '레즈비언' 그리고 '양성애자'와 '성전환자'로 나눈다. 이러한 양상을 총칭해 '성적지향'이라고 부른다. 이처럼 같은 성을 가진 친구 사이의 정을 넘어 감정적, 성적 끌림으로 육체적 결합을 하는 것을 성경은 분명히 '죄'라고 지적하고 있다(백상현, 2017).

동성애는 성경의 진리를 벗어나 비 진리를 추구하고 있다. 즉, 동성간의 성행위는 인류 창조의 실제와 반대되는 개념으로 하나님과 분리의 행위이므로 죄라고 규정하고 있다. 이렇게 동성애를 죄라고 단죄하는 것은 성경의 몇 구절에 불과한 것이 아니고 성경 전체의 전통적 흐름이다. 이러한 관점은 기독교가 아닌 다른 종교도 이와 같은 관점을 공유한다. 지금까지 하나님과의 관계 속에서 인간에 대한 이러한 관점은 지구상의 거의 대부분의 국가에 널리 퍼져 있었다.

또 너는 여자와 교합함 같이 남자와 교합하지 말라. 이는 가증한 일이니라. 누구든지 여인과 교합하듯 남자와 교합하면 둘 다 가증한 일을 행함인즉 반드시 죽일지니 그 피가 자기에게로 돌아가리라 (레 18:22).

곧 그들의 여자들도 순리대로 쓸 것을 바꾸어 역리고 쓰며 그와 같이 남자들도 순리대로 여자 쓰기를 버리고 서로 향하여 음욕이 불 일 듯하매 남자가 남자와 더불어 부끄러운 일을 행하여 그들의 그릇됨에 상당한 보응을 그들 자신이 받았느니라. (롬1:26~ 27)

하나님께서는 인간이 마음으로 생각하는 모든 일이 악한 것뿐이라고 생각하시며 사람을 창조하신 것을 한탄하시고 이 땅에서 쓸어버릴 계획을 하신다. 인간의 타락은 성적인 타락과 깊은 연관이 있다. 이것은 구약 성경의 노아 시대에 일어난 홍수 사건을 통해 알 수 있다. 인간의 죄악이 세상에 가득하게 된 것은 성적 타락 때문이다. 노아 홍수 이후 이 세상에 사람이 많아지면서 생겨난 일이 성적 타락이다. 하나님의 자녀로 거룩하게 살아야 할 사람이 자신이 좋아하는 모든 여자를 성적 쾌락의 대상물로 여기게 된 것이다. 이렇게 되면 영적으로 살아야 할 인간이 육적 또는 물질적으로 살게 된다. 노아는 스스로 의롭고 완전하고 하나님과 동행하는 것을 넘어 거룩한 가정을 만들었다.

하나님은 이스라엘 백성들이 결혼을 통해 노아의 가정처럼 모두가 성결하고 거룩한 삶으로 살아가야 함을 지시하고 계신다. 하나님은 인간이 악함을 아시고 거룩하고 정결한 삶으로 살아가는데 지켜야 할 성 윤리적 지침으로 레위기 18장을 주셨다.

여호와께서 모세에게 말씀하여 이르시되 너희는 너희가 거주하던 애굽 땅의 풍속과 규례도 행하지 말고, 너희는 내 법도를 따르며 내 규례를 지켜 그대로 행하라.

각 사람은 자기의 살붙이를 가까이 하여 그의 하체를 범하지 말라. 네 어머니의 하체, 네 자매 하체, 네 손녀나 네 외손녀의 하체, 네 누이의 하체, 너는 네 고모의, 너는 네 이모, 네 며느리의 하체를 범하지 말라. 너는 네 형제의 아내의 하체, 손녀나 외손녀를 범하지 말라. 너는 여인이 월경으로 불결한 동안에 그에게 가까이 하여 그의 하체를 범하지 말지니라. 네 이웃의 아내와 동침하여 설정하므로 그 여자와 함께 자기를 더럽히지 말지니라. 너는 여자와 동침함 같이 남자와 동침하지 말라. 이는 가증한 일이니라. 짐승과 교합하여 자기를 더럽히지 말며 여자는 짐승 앞에 서서 그것과 교접하지 말라. 이는 문란한 일이니라.

이 가증한 모든 일을 행하는 자는 그 백성 중에서 끊어지리라. 그러므로 너희는 내 명령을 지키고 너희가 들어가기 전에 행하던 가증한 풍속을 하나라도 따름으로 스스로 더럽히지 말라. 나는 너희의 하나님 여호와이니라. (레18:1-30)

성경은 인간에게 주어진 완전한 창조질서에 대한 계시이며, 인간이 이 질서를 위반하려고 시도할 때 그에 대한 위험의 책임을 스스로 져야 한다. 이러한 창조 질서는 성에 있어서 하나님이 인간에게 주어진 경계를 넘는 것을 금한다. 성경은 동성애, 근친상간, 수간의 성관계를 통해 생물 종간의 경계 넘는 것을 금지한다.

하나님은 "신랑이 신부를 기뻐함 같이 네 하나님이 너를 기뻐하시리라." 이사야 62:5에서 자신이 만든 사람과의 관계를 신랑과 신부로 비유하시며 사랑의 언약을 주셨다. 하나님은 질투하는 하나님이시며 그의 신부, 그의 택한 백성들이 다른 신들 특히 바알과 아세라 등의 이방신들을 숭배할 때 분노하셨다. 하나님의 사람들은 이방

문화에 젖어 반복적으로 하나님께 신실하지 못했고 그 끝은 반복되는 재앙이었다(이미란 외, 2019).

3. 아동·청소년 3R 성교육

정통파 유대인들이 아동·청소년들이 결혼 전 소중한 성을 잘 지키기 위한 성경적 성교육의 3R 개념을 지도하고 있다. 3R은 다음 3 단어의 첫 글자를 의미한다. 3R 개념은 성관계를 하기 위해서는 올바른 사람(Right Person)과 올바른 시간(Right Time)에 올바른 장소(Right Place)에서 행해지는 기준을 제시하는 것으로 그 내용은 다음과 같다.

첫째는 올바른 사람(Right Person)이다. 올바른 성관계의 대상은 결혼한 배우자여야 한다. 결혼한 배우자와 연합할 때 온전히 하나님과 생명 창조의 거룩한 일에 동역할 수 있다. 하나님은 성관계의 대상으로 한 사람 이외에 다른 사람을 허락하지 않으신 것은 하나님 이외에 다른 신을 섬기는 우상숭배가 허락되지 않는 것과 같다. 성관계는 결혼식 이후 부부관계 안에서만 이루어져야 한다.

둘째는 올바른 시간(Right Time)이다. 성관계를 할 수 있는 시기는 올바른 시기는 결혼식 이후여야 한다. 그렇지 않은 혼전 성관계는 살아가는 인생 내내 마음에 무거운 발자국을 남긴다. 성 욕구를 절제하지 못하는 사람은 결혼을 일찍 할 수 있다.

셋째는 올바른 장소(Right Place)이다. 올바른 성관계 장소는 안전한 보금자리인 가정의 안방이어야 한다. 그렇지 않은 경우 불안감을 가질 수 있으며 온전한 기쁨을 누리지 못한다. '성'은 아주 사적인 영역에서 다루어질 때 소중하고 귀한 것이다.

이러므로 남자가 부모를 떠나 그의 아내와 합하여 둘이 한 몸을 이룰지로다(창2:24).

위 말씀은 성교는 결혼 관계 안에서 오직 배우자와만 행해져야 한다고 규정하는 규범적 선언 말씀이다. 이러한 3R 성교육은 아동·청소년들에게 성경적 세계관을 정립하여 세속에 물들지 않고 거룩한 삶의 살도록 하기 위한 것이다. 3R 성교육은 성에 대한 높은 도덕성을 갖게 할 뿐만 아니라 올바른 성 가치관과 성 인식을 바르게 갖게 할 수 있다.

4. 결혼 전 남녀 육체적 접촉 금지

최근 젊은이들의 혼전 동거가 증가하고 있다. 동거 관계의 70%가 결혼으로 이어지지 않으며, 대부분 1년 남짓 된 시점에서 정리가 되는 것으로 나타났다. 따라서 동거가 결혼 관계를 강화시키는 것이 아니라 약화시킨다는 점에서 결혼 전 동거는 심각하게 고려해 봐야 하는 부분이다. 세계에서 이혼률이 가장 낮은 정통파 유대인들은 하나님이 짝지어 주신 배우자를 만나 결혼 예식을 행하기 전까지 서로 몸에 손을 대지 않는 '결혼 전 육체적 접촉 금지'를 지키고 있다. 결혼 전 이성 간에는 심지어 악수조차도 하지 않는다. 이유는 모든 사람의 성감대는 사람마다 다르기에 작은 신체 접촉도 위험해질 수 있다. 따라서 언제 어디서든 이성 간의 위험한 상황이 올 수 있기에 자신과 타인을 보호하기 위해 안전장치를 마련하는 것이 무엇보다 중요하게 여기고 있다.

결혼 전 남녀 육체적 접촉 금지는 소중한 것을 보호하기 위해 울타리를 치는 행위와 같다. 정통파 유대인들은 하나님이 짝지어 주신 배우자를 만나 결혼 예식을 행하기 전까지는 타인이 자신의 몸에 손을 대지 못하도록 보호하는 결혼 전 육체적 접촉 금지를 지키고 있다.

전통파 유대인들의 신체 접촉을 금하는 시기는 크게 두 가지로 나뉜다. 결혼 전의 금지와 결혼 후의 분리와 연합의 개념이다. 결혼 전의 금지는 토라의 울타리 개념이고, 결혼 후의 금지는 여성의 월경과 부정한 기간에 부부간의 육체적 접촉 금지이다. 한 달에 한 번씩 분리와 연합으로 부부간의 육체적 친밀감을 더 가질 수 있어서 권태기 없이 평생 신혼처럼 행복하게 살 수 있는 깊은 뜻이 숨겨져 있다 (Yocheved Debow, 2017).

5. 결혼 후 순결 개념

성경적 결혼관은 남편 몸과 아내 몸이 결합하여 한 몸이 되는 것을 말한다. 성경은 성의 사용에 있어 오직 한 사람 배우자에 한해서만 허용하고 있다. 한 몸 안에 죄를 짓는 음행은 이혼을 정당화할 수 있는 결정적 사유가 된다. 따라서 결혼 후 배우자 외에 이성과 성관계를 갖는 것은 죄이며, 우리가 음행을 피해야 함을 말해 주고 있다 (이상원, 2014). 음행을 저지르는 순간 부부는 이미 둘로 쪼개져 버린 상태가 된다.

남편이 다른 여성과 음행을 하였다면 그 남자는 아내가 아닌 다른 여자와 한 몸이 되었다는 뜻이다. 따라서 음행이라는 죄는 한 몸을 이루고 있는 배우자 몸에 직접적인 손상을 입히는 중대한 범죄로 이혼의 정당한 사유가 되며 아내는 자동적으로 반쪽짜리 홀몸 상태가 되어버려 실질적으로 남편이 사망한 과부와 같은 존재이다.

우리 몸은 우리 것이 아니라 하나님께 받은 성령의 전이다. 지금은 세상 역사의 마지막 시대에 관한 예언들의 성취를 직접 목격하는 종말 시대에 살고 있다. 우리는 예수님이 구름 타고 세상에 재림하실 신랑 되신 주님을 맞기 위해 신부로서 순결하고 정결하게 우리 영혼이 잘 준비되었는지 살펴야 하는 시간이다. 예수 그리스도는 신랑이시고, 우리는 그분의 신부이다. 지금 예수님은 우리와 영적으로 결혼하여 함께 즐거워 할 어린 양의 혼인 잔치를 준비하고 계신다. 우리는 신랑 되신 주님과 함께 누릴 혼인 잔치를 기다리며 몸과 마음과 영혼의 순결을 지키면서 거룩한 삶을 살아야 한다. 그 이유는 바로 우리가 재림하시는 주님 앞에 순결한 신부로 서야 하기 때문이다.

"너는 청년의 때에 너의 창조주를 기억하라. 곧 곤고한 날이 이르기 전에, 나는 아무 낙이 없다고 할 해들이 가깝기 전에, 주 너희 하나님을 기억하라." (전도서 12:1)

교양과목: '성경을 기초한 성교육'

편집자 주 : '성경을 기초한 성교육'은 서울한영대학교 교양학부 과목으로 저자가 5년째 강의를 진행하고 있다. 지면 상 다섯 명의 수강후기만 싣게 되어 아쉬움이 많다.

본 과목을 수강하고 후기를 보내준 많은 학생들에게 감사함을 전합니다.

1. 신*란(여) 유아특수재활학과 3년

나는 요즘 친구들과 대화를 할 때면 내가 너무 고루한 게 아닌지 생각하곤 했다. 나는 옛날부터 혼전 순결을 다짐했고, 그것이 당연하다고 생각했다. 하지만 친구들 중 이런 사고를 하는 사람은 거의 없다. 남자친구와 성관계는 필수고, 동거는 선택이라고 생각하는 경우가 많다. 이런 친구들 앞에서 혼전 순결에 관한 대화가 어려웠고,

제대로 반론도 하지 못했다. 그리고 내가 혼전 순결에 너무 연연해하는 건 아닌지 생각하곤 했다. 하지만 이번학기 '성경을 기초한 성교육' 강의를 들으면서 흔들리던 마음을 다시 붙잡을 수 있었다. 앞으로 결혼할 때까지 혼전 순결을 지켜야 할 이유와 확신을 갖게 되었다. 혼전 성관계와 동거는 남여 모두에게 큰 상처를 남긴다. 동거는 가정처럼 안전한 울타리가 아니다. 한 사람이 변심하면 언제든지 깨질 수 있는 큰 위험이 내포하고 있다. 또 혼전 동거 부부가 결혼 예식을 올린 부부보다 이혼율이 더 높다는 사실도 알게 되었다. 본 과목 수강 전에는 혼전 순결 사수에 정당한 이론적 근거가 없어 불안했었다. 하지만 강의를 통해 혼전 순결에 대한 확신과 믿음을 가질 수 있었다. 앞으로 주위 분위기에 휩쓸리지 않고 나의 배우자를 만나 결혼식을 올릴 때까지 꿋꿋하게 혼전 순결을 지켜야겠다고 다짐해 본다.

2. 유*우(남) 재활복지학과 2년

솔직히 그동안 성에 대하여 제대로 아는 것이 거의 없었다. 이번 학기 '성경을 기초한 성교육'을 들으며 '성'이 하나님이 인간에게 주신 큰 축복임과 동시에 이를 함부로 사용하면 큰 화가 있다는 것을 알게 되었다. 유대인들은 하나님이 주신 10계명을 잘 지키고 실천하여 하나님으로부터 큰 복을 받아 어느 민족보다도 지혜로운 백성으로 세계에서 큰 두각을 나타내고 있는 것도 알게 되었다. 또 동성애에 대해 부정적 시각은 갖고 있었지, 왜 하면 안 되는지에 대한 구체적 근거에 대해 잘 모르고 있었다. 그러나 강의를 통해 동성애가 왜 죄인지 정확히 성경적으로 알 수 있어서 좋았다. 지금부터라도 나도 유대인들처럼 거룩한 삶을 살고 싶다. 이번 여름방학 후 군대 입대를 앞두고 친구들이 준비하는 '총각파티'는 절대 가지 않을 것이다. 또 나의 배우자를 만나 결혼식 할 때까지 동정을 지키고 싶다. 이번 학기 성교육은 중고등학교 다닐 때 들었던 성교육과는 차원이 다르다. 성에 대해 제대로 알 수 있어서 매우 좋았다. 교수님이 강의를 재미있게 하셔서 시간 가는 줄 모르게 듣게 되었다. 교수님 감사합니다!

3. 김*란(여) 상담심리학과 3학년

제 인생에서 '성'은 기도 제목이었고, 나를 죄악으로 이끄는 욕구였다. 사실 나는 고등학교 시절에 늘 '일탈 욕구'를 느꼈다. 그때 포르노를 접하게 되었고, 부모님 몰래 일탈 행동에 짜릿함을 경험하며 포르노에 중독되어 가고 있었다. 그래서 항상 교회에서 수련회가 시작되는 날이면 포르노를 그만 보게 해달라고 기도했었다. 기도하고,

죄를 반복하는 과정에서 '성욕'을 주신 하나님을 원망하기도 했고, 나약한 인간일 수밖에 없는 자신을 탓하기도 했다. 물론 지금도 온전히 회복되었다고 장담할 수는 없다. 하지만, 언니와 일부러 방을 함께 쓰고, 혼자 있는 시간을 줄이며 회복하고자 노력하고 있다. 이번에 교양과목으로 '성경을 기초한 성교육'을 수강하게 되었다. 강의를 통해 하나님이 주신 '성'의 목적은 무엇인지, 성은 어떻게 사용해야 하는지, 결혼은 왜 해야 하는지, 왜 자녀를 낳아야 하는지, 하나님은 동성애를 왜 싫어하시는지, 동거는 왜 하면 안 되는 것인지 등등 성과 관련된 많은 문제에 답을 찾았다. 내게 있어서 '성'은 차라리 없었다면 좋았겠다는 생각도 종종 했었다. 그러나 성은 하나님이 저에게 주신 축복이자 선물이며, 하나님과 하나됨의 임재를 경험하는 소중한 것이라는 새로운 의미를 갖게 되었다.

나는 이제 '성'을 잘 간직하며, 하나님께서 맺어주실 인연, 나의 배우자를 기대하고 있다. 이제 포르노 중독에서 벗어나 결혼 후 남편과 내가 하나가 되는 날, 하나님의 임재하심을 기다리고 기대하며 소중히 사용해야겠다는 각오를 하게 되었다. 또한 '성'에 관한 상담을 요청하는 친구들이 상당히 많았다. 올바른 성 관념이 없던 나는, 상담 도중에 비기독교인들이나, 기독교인들조차도 물어보는 질문에 답을 제대로 답을 주지 못했다. '왜 동성애는 성경에서 위법이야?', '혼전 순결은 왜 지켜야 해?', '자위는 죄일까?' 등등 많은 질문이 있었지만, 나는 이에 대해 잘 알지 못했다. 그러나 강의를 통해서 나는 올바른 성 관념을 갖게 되었다. 앞으로는 성 정체성에 혼란을 느끼는 아이들, 교회는 다니지만 성경에 명시되어 있는 성과 관련된 하나님의 명령들을 왜 지켜야 하는지 모르는 아이들에게 이를 알려야겠다는 다짐이 생겼다. 이제 나에게 '성'에 대한 지식은 하나의 '열쇠'의 의미를 갖게 되었다. 자물쇠로 잠겨있는 아이들의 문제들을 해결해 주는 '성경적 성교육' 전도자가 되고 싶다. 한 학기 동안 강의해 주신 이미란 교수님께 감사드린다. 더 빨리 '성경을 기초한 성교육'을 들었다면 하는 아쉬움이 참 많이 드는 수업이었다. 교수님께 배운 것들 하나하나 실천하는 건강한 성인의 삶을 살 수 있도록 노력하겠다! 교수님 감사합니다. 수고 많으셨습니다!

4. 신*희(여) 유아특수재활학과 2년

나는 중고등 학생 때부터 결혼은 필수가 아닌 선택이라고 생각했다. 그래서 결혼을 꼭 해야겠다는 생각을 가지지 않았다. 하지만 이번 '성경을 기초한 성교육'을 수강하면서 나의 가치관에 많은 변화가 찾아왔다. 결혼의 본질적 의미와 하나님의 자녀로서 사명을 깨닫게 해주었다. 하나님이 태초에 창조하신 것이 가정이라는 사실을 이번 강의를 통해 처음 알게 되었다. 이렇듯 하나님의 명령인 결혼이 선택이 아닌 필수라는 것을 깨닫게 해주었다. 결혼은 필수가 아닌 선택이라 생각했던 자신이 부끄러워지는 순간이었다. 하나님께서 나에게 성적인 욕구를 주신 것은 거룩한 부부관계를 통해 하나님의 자녀를 낳아 양육하는 것이 사명임을 깨닫게 되었다. 이번 강의를 통해 내 인생에서 정말 중요한 결혼에 대한 확신과 그동안 흔들렸던 나의 가치관을 바로잡을 수 있었다. 이번 학기 강의를 매주 들을 때마다 나의 변화된 생각을 어머니에게 말씀드렸다. 그동안 결혼을 하지 않겠다고 선언한 딸을 바라보는 우리 어머니의 마음이 얼마나 애타고 안타까워 하셨을까 짐작이 가지 않았다. 하지만 이번 강의를 통해 변화되는 나의 모습을 보고 어머니께서 놀라시고 기뻐하시는 모습을 보며 그동안 불효하고 있었음을 깨달았다. 결혼은 우리의 사명이기도 하지만 부모님에게는 또 다른 효도임을 생각하게 되었다. 후배들에게 본 강의를 강력 추천하고 싶다.

5. 최*석(남) 신학과 2년

그동안 중고등학교 때부터 많은 성교육을 받았다. 그러나 성교육을 받을 때마다 성에 대해 의문점이 해결되기보다는 성에 대해 더 궁금해져'그럼 나 보고 어쩌라고'하는 생각이 종종 들었다. 때로는 성욕으로 긴장감이 고조되어 나도 모르게 불특정 여성에게 성범죄를 가해할 껏 같은 자신을 발견하곤 놀라기도 하였다. 사실 내가 나를 믿을 수가 없어 두려웠다. 나도 모르게 성범죄를 저지르면 어떻하지? 솔직히 내 마음 나도 몰라. 어떻게 하면 나의 마음을 안정되게 할 수 있을까? 그렇게 고민하던 중에 '성경을 기초한 성교육'을 수강하게 되었다. 매주 강의를 들으며 '성'에 대해 구체적으로 알게 되었다. 하나님이 인간에게 왜 '성'을 부여했는지, 어떻게 사용해야 하는지, 하나님은 '성'을 통해 무엇을 얻고자 하는지, 왜 '성'에 대해 남녀가 다른지, 왜 결혼을 해야 하고 자녀를 양육해야 하는지에 대한 근원적인 질문에 정확한 답을 얻을 수 있어서 너무나 다행이라고 생각된다. 그동안 '성'에 대해 너무 충동적이고 절제력이 부족한 게 아닌가 하고 나를 늘 질책하였다. 그런데 '성경적 성교육'을 받고 보니 내가 정상적인 건강한 남자임을 확인하였다. 늘 긴장되고 불안했던 마음이 평정을 찾게 되고 스스로 성욕에 대한 절제도 가능하게 되었다. 사실 매일 밤 자위가 일상이었다. 자위를 하고 나면 마음이 늘 찝찝했다, 다시는 하지 말아야지 하면서도 다시 반복하는 중독 상태가 계속 이어져 왔다. 이제는 안정되고 편안한 마음으로 절제할 수 있게 된 것이 큰 소득이라고 생각한다. 성경적 성교육은 사람들이 알아야 할 진짜 성교육이다. 내 마음의 평정을 찾게 해 주신 교수님께 감사함을 드립니다. 교수님 감사합니다.

부록
1

전래동화

1. 견우와 직녀

아주 오랜 옛날, 하늘나라 임금님에게는 직녀라고 하는 예쁜 딸이 있었어요. 직녀는 마음씨가 곱고 얼굴도 예뻤기 때문에 하늘나라의 선녀들은 모두 직녀를 좋아했지요. 꽃향기 고운 어느 봄날, 직녀는 궁궐 밖으로 나갔다가 소를 몰고 나온 청년을 만났어요. 늠름한 그 청년의 이름은 견우였어요. 견우란 소를 잘 몬다는 뜻이지요.

견우와 직녀는 눈빛이 마주치자마자 서로 사랑하게 되었고 서로 결혼을 약속했어요. 이 사실을 알게 된 하늘나라 임금님은 불같이 화를 냈어요. "공주가 소를 모는 청년과 만나다니, 두 사람을 당장 은하수 밖으로 내쫓아라!" 견우와 직녀는 은하수를 사이에 두고 각각 동쪽과 서쪽으로 떨어져 살게 되었어요.

은하수는 하늘나라에서 가장 깊고 넓은 강이어서 두 사람은 서로 만날 수가 없었어요. 임금님은 일 년 중 단 하루만 두 사람이 만날 수 있도록 했어요. 그 날이 바로 칠석날이었지요. 그러나 은하수를 건

널 수 없는 두 사람은 서로를 애타게 부르기만 했어요. "직녀님, 보고 싶어요." "견우님, 저도 보고 싶어요." 견우와 직녀는 폭포수처럼 눈물을 흘렸어요. 두 사람이 흘린 눈물은 강을 넘치게 하고 집과 산을 모두 잠기게 했어요. 땅에 사는 동물들은 이 날만 되면 집도 잃고 먹을 것도 잃게 되어 걱정이 태산 같았어요.

어느 날 숲 속의 동물들이 회의를 했어요. "칠석날이 며칠 안 남았어요. 올해에도 물난리가 날 텐데 어떻게 하지요?" 동물들은 이야기를 나누었지만 좋은 생각이 떠오르지 않았어요. 그 때 조그만 아기 까치가 말했어요. "까치들과 까마귀들이 함께 은하수에 다리를 놓으면 어떨까요?" "그래, 정말 좋은 방법이다." 동물들은 모두 기뻐했어요. 드디어 칠석날이 왔어요. 은하수 반대편에서 눈물 짓고 있던 견우와 직녀는 깜짝 놀랐어요. 까치와 까마귀들이 은하수에 가득 모여 들더니 서로의 꽁지를 물고 늘어서는 거예요. 그러자 은하수 위에는 긴 다리가 생겼어요. 견우와 직녀는 한달음에 달려 다리 중간에서 만났어요. 그리고 서로 부둥켜 안았어요. 동물들도 기뻐서 덩실덩실 춤을 추었어요. "앞으로는 칠석날이 되어도 큰비가 오지 않을 거야." 그 후로 견우와 직녀는 칠석날이 되면 까치들이 놓아 준 다리에서 만날 수 있었어요. 그리고 해마다 이 무렵이 되면 까치와 까마귀들의 머리가 벗겨진답니다. 견우와 직녀가 머리를 밟고 지나갔기 때문이지요.

2. 금강산 호랑이

옛날 어느 마을에 유복이라는 아이가 있었습니다. 유복이는 서당
에 다니며 열심히 공부했지만, 아이들은 "아비 없는 자식이 공부는
해서 뭘 하느냐, 아비 없는 자식하고는 놀지도 말자."라며 놀려댔습
니다. 그때마다 유복이는 눈물이 핑 돌며 "나는 왜 아버지가 없을
까?"하고 한숨을 쉬었습니다. 유복이는 어머니께 아버지는 어디 가
셨는지 물어보았습니다. 어머니는 잠시 망설이다 "아버지는 참 훌
륭한 사냥꾼이었는데 금강산으로 사냥을 갔다가 호랑이에게 물려
돌아가시고 말았다."라는 이야기를 해 주셨습니다.

유복이는 어머니의 말씀을 듣고 아버지의 원수를 자신이 갚겠다
고 맹세하고 그날부터 호랑이를 제 손으로 죽이기 위해 비바람과 눈
보라가 몰아쳐도 하루도 쉬지 않고 총 쏘는 연습을 했습니다. 3년이
라는 시간이 흘러 유복이는 이제 나는 새도 척척 잡아내는 사냥꾼이
되었습니다. 유복이는 어머니께 인사를 올리고 아버지의 원수를 갚

으러 길을 떠나겠다고 했습니다. 그러자 어머니께서는 "큰일 날 소리 말아라. 아버지는 바늘귀도 맞히셨지만 호랑이에게 물려 돌아가셨다."고 말씀하셨습니다.

유복이는 아버지의 솜씨에 미치지 못한다고 생각하여 3년 동안 더 총 쏘는 연습을 해야겠다고 마음 먹었습니다. 3년이 지나 어머니는 기둥에 꽂아놓은 바늘귀를 맞혀보라고 하였습니다. 유복이는 그것을 잘 맞추었습니다. 어머니는 "이젠 됐다!"라며 기뻐하셨습니다. 유복이가 어머니께 이젠 금강산에 들어가게 허락해 달라고 하자 어머니께서는 사실 아버지는 바늘귀를 맞히지 못해서 호랑이에게 물려 돌아가셨다며 기쁜 얼굴로 허락해 주셨습니다.

유복이는 금강산에 도착하자마자 오막살이 집에 사는 할머니를 찾아갔습니다. 할머니께서는 "아버지가 먼 데 있는 개미도 쏘아 맞혔는데도 호랑이에게 잡혀 먹혔다."며 금강산에 들어가지 말라고 했습니다. 유복이는 먼 데 있는 개미를 쏘아 맞혔습니다. 그러자 할머니는 "사실, 아버지는 먼 데 있는 개미를 맞히지 못해 호랑이에게 물려 죽은 것이다. 그만하면 금강산으로 들어가도 되겠다." 하시며 누룽지를 싸 주셨습니다.

유복이는 깊고 험한 금강산으로 들어갔습니다. 배가 고플 때는 누룽지를 먹으며 이 골짜기 저 골짜기를 헤매었습니다. 정처 없이 헤매던 유복이는 널따란 바위 위에 걸터앉아 "왜 호랑이가 한 마리도 안 나타나지?" 하고 중얼거렸습니다. 그때 저쪽에서 발자국 소리가 들려왔습니다.

유복이는 정신을 바짝 차리고 소리 나는 쪽을 바라보았습니다. 스님 한 분이 지나가다 배가 고프니 먹을 것을 달라고 했습니다. 유복이가 스님에게 누룽지를 한 줌 떼어주자 스님은 누룽지를 허겁지겁 먹기 시작했습니다. 유복이는 좀 이상하다고 생각하여 자세히 살펴보니 호랑이 이빨이 보였습니다. 유복이는 호랑이가 둔갑하여 나타났다는 것을 알아채고는 총을 꽉 잡고 "저 놈이 다른 곳을 볼 때 총을 겨누어야겠다."고 생각했습니다. 스님은 유복이를 바라보며 누룽지를 야금야금 먹고 있었습니다. 스님의 손은 사람 손톱이 아닌 호랑이 발톱이었습니다.

유복이가 "호랑이가 누룽지를 다 먹으면 나에게 덤벼들겠지."라는 생각을 하고 있는데 어디선지 "유복아, 빨리 총을 쏴"하는 소리가 들렸습니다. 유복이가 일부로 먼 산을 바라보는 척하자 스님도 먼 산을 바라보았습니다. 이때 유복이가 재빨리 총을 쏘자 스님은 호랑이의 모습이 되어 쓰러졌습니다.

유복이는 다시 산속을 걸어갔습니다. 그런데 웬 할머니가 감자를 캐고 있었는데 이상하게 그 할머니가 호랑이가 둔갑한 것처럼 느껴졌습니다. 유복이가 할머니에게 감자를 좀 달라고 하니, "영감이 어느 놈의 총에 맞아 감자를 갈아 먹여야 살아나기 때문에 시간이 없다.”고 했습니다. 할머니도 호랑이가 둔갑한 사람이란 걸 안 유복이는 총으로 할머니를 쏘니, 역시 호랑이였습니다.

유복이는 또다시 총을 들고 산속으로 걸어갔습니다. 목이 마른 유복이는 물이 먹고 싶었는데, 마침 예쁜 여자가 물동이를 이고 이쪽으로 오고 있었습니다. 유복이는 여자에게 목이 마르니 물 한 바가지만 달라고 했습니다. 그 여자는 시아버님과 시어머님이 어떤 놈의 총에 맞아 돌아가시게 되어 빨리 약수를 갖다 드려야 살아나셔서 안 된다고 했습니다. 유복이는 그것도 호랑이가 둔갑한 여자라는 것을 알아채고 뒷모습을 보니 엉덩이에 호랑이 꼬리가 축 늘어져 있었습니다. 그 여자도 총에 맞아 쓰러지면서 호랑이로 변했습니다.

“할아버지, 할머니, 며느리 호랑이가 있다면 또 다른 호랑이도 있겠구나!”라고 생각한 유복이는 더욱 깊은 산골짜기로 들어갔습니다. 그때 바위 위에 굉장히 큰 호랑이가 입을 딱 벌리고 울부짖는 모습을 보았습니다. 유복이는 얼른 총을 쏘았습니다. 그러나 호랑이는 끄덕도 하지 않고 유복이 앞으로 뛰어내려와 눈 깜짝할 사이에 통째로 삼켜버렸습니다.

호랑이 뱃속으로 들어간 유복이가 정신을 바짝 차리고 주위를 둘러보니 사람의 뼈와 해골이 널브러져 있고 총 한 자루가 있었습니다. 그 총은 유복이 아버지의 총이었습니다. 유복이는 이 호랑이가 아버지를 해친 호랑이라는 것을 알아차리고는 아버지의 뼈와 총을 봇짐에 넣었습니다. 그러다가 유복이는 처녀가 기절해 있는 것을 발견했습니다. 유복이가 정성스레 간호를 해 주자 처녀가 눈을 뜨며 여기가 어딘지 물었습니다. 유복이는 "호랑이의 뱃속입니다. 칼로 호랑이의 배를 가르면 나갈 수도 있지만 도로 잡힐지 모르니 구멍을 뚫어 밖을 내다보기만 합시다."고 했습니다.

호랑이는 배에 구멍이 뚫리자 괴로워하며 곰에게 가서 약을 달라고 했습니다. 곰은 이 산의 신령이었습니다. 곰이 과일을 먹어보라고 하자 호랑이는 과일을 먹었습니다. 그런데 너무 급하게 먹어서 통째로 과일이 뱃속에 들어가 유복이와 처녀는 그것을 받아먹으며 지냈습니다. 호랑이는 다시 곰에게 찾아가 과일을 먹어도 낫지 않는다고 하였습니다. 곰은 약수터에 가서 약수를 먹으라고 했습니다. 호랑이가 약수를 마시자 유복이와 처녀는 뱃속에 들어온 물을 마시며 기운을 차렸습니다.

힘이 생긴 유복이는 칼로 호랑이의 뱃속을 쭉쭉 갈라냈습니다. 결국 호랑이는 배가 아파 뒹굴다가 죽고 말았습니다. 유복이와 처녀는 호랑이 뱃가죽을 뚫고 바깥으로 나왔습니다. 처녀는 황대감집 딸이었습니다. 황대감은 딸을 구해준 유복이를 사위로 삼았습니다. 그래서 두 사람은 부부가 되어 오래오래 행복하게 살았습니다. (삼성당, 박경종).

3. 늦은 밤 찾아온 바냐의 집

   멀고 먼 추운 나라의 숲 가장자리에 바냐의 집이 있었습니다. 바
냐의 집 처마 밑에는 얼음이 주렁주렁 매달렸고, 집 주위는 온통 새
하얀 눈으로 덮여 있었습니다. 폭풍이 몰아치는 캄캄한 밤, 바냐는
깜짝 놀라 잠에서 깨어났습니다. 잠결에 누군가 요란하게 문을 두드
리는 소리가 들렸던 것입니다. "누굴까? 이 밤에 누가 내 집 문을 두
드리는 것일까?" 바냐는 살금살금 걸어가 빠끔 문을 열었습니다. 그
리고는 동그랗게 눈을 떴습니다. 토끼 한 마리가 눈보라 속에서 웅
크리고 있는 것이었습니다. 토끼는 슬프게 한숨 지으며 말했습니다.
"나는 얼어 죽을 것 같아요." 바냐가 토끼에게 말했습니다. "어서 안
으로 들어와. 내가 곧 난로에 불을 지필게." 마른 장작을 잔뜩 넣은
난로에서는 "타다닥 탁 탁" 불꽃이 튀어 올랐습니다. 난로 곁에서 불
을 쬔 토끼는 따뜻한 온기가 몸속까지 전해지는 것 같았습니다. 얼
었던 몸이 녹자 토끼는 편안하게 몸을 쭉 폈습니다.

이제 바냐의 집은 고요해졌습니다. 바냐는 이불을 덮고는 말했습니다. "잘 자. 편안하게." 그런데 바냐와 토끼가 잠 들자마자 다시 시끄러운 소리가 그들을 깨웠습니다. 누군가 문을 "쾅쾅, 쾅쾅" 두드리는 것이었습니다. 문을 열어 보니 빨간 털의 여우가 문 앞에 서 있었습니다. 여우는 투덜거리며 말했습니다. "나는 폭풍과 눈에 진저리가 나요. 발가락이 몽땅 얼어붙어 더 이상 걸을 수도 없어요. 나를 잠시 쉬게 해 주세요." 그 때 토끼가 소리쳤습니다. "안 돼요. 안 돼! 들어오게 하지 마세요. 여우는 우리 토끼들을 잡아먹는 데 선수란 말이에요." 온 몸이 얼어붙은 여우가 재빨리 대답했습니다. "너를 잡아먹지 않겠다고 맹세할게. 정말이야." 바냐가 말했습니다. "좋아, 들어와. 하지만 약속을 어기면 안 돼." 집에 들어온 여우는 편안히 몸을 쭉 폈습니다. 바냐의 집은 곧 고요해졌습니다. 바냐는 다시 이불을 덮고 말했습니다. "잘 자. 편안하게." 그런데 아직까지 들어보지 못한 이상한 소리가 그들을 깨웠습니다. 커다란 짐승이 몸부림치는 듯한 그 소리는 쾅쾅 문을 두드리는 소리와 함께 들려왔습니다. 바냐와 토끼와 여우는 함께 문을 열었습니다. 문 밖에는 곰이 어둠 속에 서 있었습니다. 곰은 귀에서 발끝까지 얼어붙어 털이 뻣뻣해졌습니다. "너무 추워 어찌해야 할지 모르겠어요. 나는 불쌍한 곰이에요." 곰이 말하자 여우는 공포로 얼굴이 창백해졌습니다. 여우는 덜덜 떨며 생각했습니다. "나는 이제 끝장이야. 곰은 내가 2주전에 그의 고깃덩어리를 훔친 것을 알아챈 게 틀림없어. 그래서 지금 나를 잡으러 온 거야." 온몸이 꽁꽁 얼어붙은 곰은 모든 것이 아무래도 좋았습니다. 그는 여우에게 말했습니다. "여우야, 괜찮아. 고깃덩어리를 가져간 것쯤 아무렇지도 않아." 이 말을 들은 바냐가 곰에게 말했습니다. "곰아, 들어와도 좋아."그러고는 타다 남은 나무토막을 불씨 위에 던졌습니다. 따뜻한 집에 들어온 곰은 편안히 몸을 쭉 폈습니다. 곧 반야의 집은 고요해졌습니다. 바냐는 다시 이불을 덮고 말했습니다. "잘 자, 편안하게." 모두가 잠든 밤, 눈보라가 미친 듯이 거칠게 일었습니다. 바람이 나무뿌리를 뽑아내고, 바냐의 작은 집을 흔들었습니다. 그러나 집안의 여우, 곰, 토끼는 편안히 아침까지 잠을 잤습니다. 그러나, 새벽이 밝아오자 토끼의 가슴은 두근거리기 시작했습니다. '여우는 약속을 지키지 않아. 그는 아주 위험한 녀석이야. 그러니 잡아먹히기 전에 도망가는 편이 낫겠지?' 토끼는 집을 나와 눈 속으로 깡충깡충 뛰어갔습니다. 잠시 후 여우가 잠에서 깨어났습니다. 여우는 기지개를 켰습니다. 그런데 씩씩거리며 자는 곰을 보자 다시 공포가 밀려와 몸이 오싹해졌습니다. '잠을 자고 일어나면 곰은 내가 고깃덩어리는 훔쳐갔다고 벼락같이 화를 낼 거야. 그리고 나를 가만두지 않겠지? 분명히 날카로운 발톱으로 나를 잔인하게 할퀼 거야.' 여우는 곰이 깨기 전에 서둘러 달아나 버렸습니다. 이제 곰 혼자만 구석에서 코를 골며 꼼짝 않은 채 자고 있었습니다. 곰은 얼었던 몸이 다 녹아 귀에서 발끝까지 모두 따뜻해졌습니다. 그리고 털도 잘 말라 옆으로 누웠습니다. 잠을 다 잔 곰은 으르렁거리며 눈을 가늘게 떴습니다. 그리고 곧 창백해졌습니다. 벽에 걸려 있는 사냥총이 눈에 들어온 것입니다. 곰은 심장이 쿵쿵 뛰었습니다. '오, 나는 사냥꾼의 집에 있구나! 아무도 모르게 밖으로 나가자. 해가 벌써 숲 위로 떠올랐어. 오늘은 어제만큼 춥지 않을 거야. 곰은 조심조심 발을 딛으며 조용히 밖으로 나갔습니다. 아직 잠에 빠져 있는 바냐는 집에서 무슨 일이 일어났는지 아무것도 알지 못했습니다. 마지막으로 잠에서 깨어난 바냐는 빈집을 둘러보았습니다. "어? 내가 꿈을 꾸었나?" 문을 열고 밖으로 나간 바냐는 세 동물들의 발자국이 눈 속에 없어져 버린 것을 보았습니다. 바냐는 고개를 끄덕이며 웃었습니다. "우리는 폭풍이 몰아치는 밤을 정말 평화롭게 함께 보냈어. 눈보라가 아니었으면 그런 일은 없었겠지? 눈보라가 모든 것을 만들어 준거야!" (번역: 황영숙)

4. 커다란 무

하루는 어떤 할아버지가 무를 심고 말했어요. "무야, 쑥쑥 크거라." 그래서 무는 쑥쑥 컸어요.

"달콤하고 단단하게 자라거라." 그래서 무는 달콤하게 단단하게 자랐어요. 이제 할아버지는 무를 뽑으려고 해요. 그래서 무를 잡고 당겼어요. 영차! 영차! 그렇지만 무를 뽑을 수가 없었어요. 그래서 할아버지는 할머니를 불렀어~ 불렀어~. 이리 와서 도와주세요~ 이리 와서 도와 주세요~ 이제 할머니는 할아버지를 잡고 할아버지는 무를 잡고 당겼어요. 영차! 영차! 그렇지만 무를 뽑을 수가 없었어요. 그래서 할머니는 손주를 불렀어~ 불렀어~. 이리 와서 도와주세요~ 이리 와서 도와주세요~ 이제 손주는 할머니를 잡고 할머니는 할아버지를 잡고 할아버지는 무를 잡고 당겼어요. 영차! 영차! 그렇지만 무를 뽑을 수가 없었습니다. 그래서 손주는 강아지를 불렀어~ 불렀어~. 이리 와서 도와주세요~ 이리 와서 도와주세요~ 이제 강아지는 손주를 잡고 손주는 할머니를 잡고 할머니는 할아버지를 잡고 할아버지는 무를 잡고 당겼어요. 영차! 영차! 그렇지만 무를 뽑을 수가 없었어요. 그래서 강아지는 고양이를 불렀어~불렀어~. 이리 와서 도와주세요~ 이리 와서 도와주세요~♬ 이제 고양이는 강아지를 잡고 강아지는 손주를 잡고 손주는 할머니를 잡고 할머니는 할아버지를 잡고 할아버지는 무를 잡고 당겼어요. 영차! 영차! 그렇지만 무를 뽑을 수가 없었어요. 그래서 고양이는 생쥐를 불렀어~불렀어~. 이리 와서 도와주세요~ 이리 와서 도와주세요~ 이제 생쥐는 고양이를 잡고 고양이는 강아지를 잡고 강아지는 손주를 잡고 손주는 할머니를 잡고 할머니는 할아버지를 잡고 할아버지는 무를 잡고 당겼어요. 영차! 영차! 아~ 이제야 무를 뽑았어요. (번역: 변종인)

5. 등불 이야기

옛날에 한 여자아이가 있었어요. 아이는 등불을 밝게 켜 들고 이 거리 저거리로 다니며 즐거워했어요. 그 때 마침 바람이 불어와 등불을 꺼버렸어요. 그래서 여자아이가 말했어요. "누가 내 등불을 다시 붙여주나?" 그리곤 둘레둘레 살펴보았지만 아무도 없었어요. 고슴도치는 나뭇잎 사이를 바스락거리며 풀밭 위를 빠른 걸음으로 쏜살같이 달리는 친구예요. 등에 가시가 난 친구지요. "얘, 너 고슴도치야! 바람이 내 등불을 꺼버렸어. 누가 내 등불에 다시 불을 붙여줄 수 있을까?" "난 몰라. 다른 데 가서 알아봐. 난 말이야, 여기서 머뭇거릴 수 없어. 내 아이들한테 빨리 가 봐야 하거든." 누가 이렇게 으르렁대며 올까요? 아! 덥수룩 곰이네요. "얘, 너 덥수룩 곰아! 누가 내 등불에 다시 불을 붙여줄 수 있을까?" 덥수룩 곰은 머리를 흔들며 말했어요. "난 몰라, 다른 데 가서 알아봐. 난 피곤해서 잠을 좀 자야하거든. 에헴 에헴." 누가 이렇게 아무소리도 내지 않고 살금살금

다가올까요? 아! 영리하고 꾀 많은 여우지요. 여우는 코를 킁킁대며 말했어요. "얘, 너 왜 이렇게 숲속을 마구 헤집고 다니니? 빨리 집으로 돌아가. 넌 말이야, 쥐들을 다 쫓아버려. 넌 내가 이렇게 조심스럽게 숨어서 기다리는 게 보이지 않니?" 여우가 하는 말을 듣고 이제 여자아이는 바위 위에 걸터앉아 울기 시작했어요.

"아무도 나를 도와줄 수 없단 말이야?"(라라 미레시 라솔라 라라라 미레시 라솔라~ 라라라~~ 달이 하늘에 떠올라 세상을 내려다 봅니다). 그때 별들이 여자아이의 울음소리를 듣고 말했어요. "얘, 너 해님한테 가서 물어봐. 해님은 분명히 너에게 뭔가 알려 줄 거야." (라라솔 미레미 레미솔라라시라~ 라라라~ 어두운 밤 중에 우릴 지켜줍니다) 별들이 하는 말을 듣고 용기를 얻어서 여자아이는 다시 앞으로 걸어갔어요. 한참을 걸어가니 한 집이 나타났어요. 방 안에는 한 할머니가 있었어요. 할머니는 물레를 열심히 돌리고 있었어요. "할머니, 해님한테 가는 길을 아시나요?" "난 말이야, 열심히 물레를 돌려서 실을 짜야 된단다. 그렇지만 내 옆에서 조금 쉬었다가렴. 아마도 아직 한참이나 더 가야 할 테니까." 할머니의 말을 듣고 여자아이는 방안으로 들어가 등불을 내려놓고 자리에 앉았어요. 여자아이는 한참을 쉬고 난 뒤 등불을 집어 들고 다시 길을 떠났어요. 한참을 걸어가니 또 한 집이 나타났어요. 방안에는 한 구두장이 할아버지가 있었어요. 작은 망치로 탁탁 두드리며 헤어진 구두를 고치고 있었어요. "안녕하세요. 할아버지. 해님한테 가는 길을 아시나요? 혹시 저랑 같이 가 주실 수 없으신가요? "난 말이야, 열심히 망치질을 해서 구두를 고쳐야 한단다. 헤어진 구두가 아직 많이 남아있어. 그렇지만 내 옆에서 조금 쉬었다 가렴. 아마도 아직 한참이나 더 가야 할 테니까." 여자아이는 한참을 쉬고 난 뒤 등불을 집어 들고 다시 길을 떠났어요. 한참을 걸어가지 멀리 높은 산이 보였어요. 여자아이는 마음속으로 말했어요. '아마 저 산 꼭대기 위에 해님이 사실꺼야.' 그리고는 사슴처럼 아주 빨리 달려갔어요. 산이 가파라 힘이 많이 들었지만 꾹 참고 마침내 꼭대기까지 올라갔어요. 그런데 산꼭대기에서도 해님을 찾을 수가 없었어요. '해님이 올 때까지 기다리지 뭐'. 이렇게 생각하고 땅 위에 앉았어요. 마침 먼 길을 걸어 다리가 아팠거든요. 얼마나 피곤했던지 땅 위에 앉자마자 잠이 들어 버렸어요. 해님은 이미 다 알고 있었어요. 여자아이를 쭉 지켜보고 있었거든요. 날이 어두워지자 여자아이에게 다가가 등불을 다시 붙여주었어요. 그때 여자아이가 잠에서 깨어났어요. "아, 내 등불이 다시 붙었네!" 여자아이는 얼른 일어나 등불을 들고 산 밑으로 내려갑니다. 여자아이는 구두장이 할아버지 집 앞에까지 갔어요. 구두장이 할아버지는 조금 슬픈 듯이 방안에 우두커니 앉아있었어요. "난로불이 꺼졌어. 손이 얼어붙어 더 이상 구두를 고칠 수가 없어." "난로불을 다시 지펴드릴게요." 이제 구두장이 할아버지는 손을 따뜻하게 녹일 수가 있었어요. 작은 망치로 탁탁 두드리며 열심히 구두를 꿰메었어요. 여자아이는 숲으로 난 길을 따라 천천히 다시 내려갑니다. 할머니 집 앞까지 왔어요. 할머니 집은 불이 다 꺼져 깜깜했어요. "내 불이 다 타버렸어. 그러니 더 이상 물레질을 할 수 없어." "할머니, 제가 다시 불을 붙여 드릴게요." 이제 할머니는 다시 물레를 열심히 돌려 실을 자아냅니다. 가느다란 실을 자아냅니다. 여자아이는 마침내 들판까지 내려왔어요. 등불이 아주 밝아 모든 동물들이 일어 났어요. 여우가 코를 킁킁거리며 불빛에 눈을 깜박거렸어요. 덥수룩 곰은 으르릉 거리더니 굴속으로 더 들어가 버렸어요. 잠을 더 자려 고 말이에요. 고슴도치는 궁금한 눈초리로 다가왔어요. "무슨 놈의 반딧불이가 저렇게 크담!" 여자아이는 집으로 돌아갔어요. 즐겁게 노래를 부르며 돌아갔지요.

6. 노아의 방주

　아담과 하와가 에덴동산을 떠난 이후에 자녀를 낳았어요. 그리고 그 자녀가 또 자녀를 낳았지요. 시간이 흘러 몇 백년이 지난 후 많은 사람들이 세상에 살게 되었답니다. 아담과 하와가 하나님께 순종하지 않은 것처럼 많은 아담의 후손들도 하나님을 믿지 않았고, 순종하지도 않았어요. 그러면서 온갖 나쁜 짓을 저질렀지요. 이런 사람들을 보시고 하나님께서 매우 슬퍼하셨어요. 그리고 세상을 만드신 것을 후회하셨어요. 결국 하나님께서는 모든 것을 없애버리기로 결정하셨어요. 모든 사람, 동물, 새, 별까지 모두 없애려고 하셨어요.

　그때 하나님을 믿으며 착하게 살던 한 사람이 있었는데, 바로 노아였답니다. 어느 날 하나님께서 노아에게 말씀하셨어요. "노아야, 너는 네 아들 셈, 함, 야벳과 함께 배를 만들어라." 노아는 언제나 변하지 않고 하나님을 믿는 사람이었어요. 그러나 하나님께서 바닷가 가까이에 살지도 않는 자신에게 왜 배를 만들라고 하시는지 몰라 어리둥절했답니다. 그러자 하나님께서 그 이유를 말씀해 주셨어요. 하나님께서는 홍수로 지구에 있는 모든 것을 휩쓸어 버리려고 하셨던 거예요. 노아의 배 안에 있는 것만 빼고요. 하나님께서는 노아에게 배 만드는 법을 자세하게 설명해 주셨어요. 아주 커다랗게 만들라고 하셨어요. 이 배에는 노아와 노아의 부인, 아들들과 며느리들이 다 타야 하기 때문이지요. 게다가 아주 중요한 짐을 실어야 한답니다.

하나님께서 말씀하셨어요. "모든 동물과 새를 암수 한 쌍씩 배에 다 실어라. 그래야 홍수에도 살아남을 수 있단다. 동물들이 먹을 식량을 함께 준비하는 것도 잊지 말고." 그렇게 큰 배를 만드는 데 시간이 한참 걸렸답니다. 배가 다 만들어지자 모든 동물과 새가 한 쌍씩 들어갔어요. 그리고 마침내 모든 사람과 짐승이 들어가자 문이 닫혔어요. 문이 닫힌 후 비가 한 방울씩 떨어지기 시작했어요. 그리고 얼마 되지 않아 천둥과 번개가 치고 비가 엄청나게 쏟아져 내렸어요. 비는 쉬지 않고 계속 내렸어요.

홍수 때문에 물은 계속 불어났지요. 세상에, 비가 사십일이나 밤낮으로 계속 내렸답니다. 처음에는 언덕이 물에 잠기고, 나중에는 가장 높은 산의 꼭대기까지 다 사라져 버렸지 뭐예요. 그래서 바다처럼 변해버린 세상에는 아무것도 보이지 않았어요. 달랑 노아의 배만 남은 것이지요. 노아와 가족들은 배에 탄 동물들을 돌보느라 바쁘게 지냈어요. 노아가 하나님께서 자기를 잊어버리신 게 아닌가 생각할 정도로 홍수는 계속되었어요. 하지만 하나님께서는 노아의 가족들을 항상 지켜보고 계셨어요. 아주 소중한 배, 노아의 방주도 마찬가지고요.

마침내 40일이 지나자 비가 그쳤어요. 그리고 바람이 불더니 천천히 물이 줄어들기 시작했어요. 이리저리 흘러 다니던 어느 날, 노아가 창을 열고 까마귀를 내보냈더니 이리저리 날아다녔어요. 다음엔 비둘기를 내보냈더니 발붙일 곳을 찾지 못하고 되돌아왔어요. 이레가 지나 노아는 비둘기를 다시 날려 보냈어요. 그랬더니 올리브 나무 잎사귀를 부리에 물고 돌아온 게 아니겠어요? 물이 말라 땅이 다시 드러나기 시작했다는 증거였지요.

몇 주가 지나 노아는 비둘기를 다시 날려 보냈어요. 그러자 이번에는 비둘기가 돌아오지 않았어요. 마침내 배는 산에 도착하게 되었고 홍수는 끝이 났답니다. 하나님께서 노아에게 이제 배에서 나올 시간이라고 말씀하셨어요. 마침내 새로운 생활이 시작된 것이지요. 노아가 마른 땅에 내려서 제일 먼저 한 일은 바로 하나님께 예배를 드린 거예요. 노아는 제단을 쌓고 자기를 구해 주신 하나님께 감사드렸어요. 그러자 하나님께서 다시는 홍수로 세상을 심판하지 않을 거라고 약속하셨어요. 하늘에 뜬 아름다운 무지개를 보여 주면서 하나님께서 말씀하셨어요. "이것이 내가 항상 약속을 지킨다는 증거란다."

7. 아기 예수님의 탄생

옛날 작은 마을 갈릴리 나사렛에 마리아라는 여인이 하나님을 잘 섬기며 살고 있었습니다. 하나님께서는 이 여인을 택하여 하나님의 아들을 낳기 원했습니다. 어느날 가브리엘 천사가 마리아에게 나타 났습니다. "마리아! 마리아! 당신은 곧 하나님의 아기를 낳게 될 것 입니다." "아니 나는 아직 결혼도 하지 않았는데 어떻게 아기를 낳아 요?" "성령 하나님께서 하실 것이에요. 친척 엘리사벳을 보세요. 나 이가 많지만 아기를 가진 지 벌써 여섯달이나 되었어요."

마리아는 천사의 말을 믿었어요. 그래서 이렇게 대답했어요. "예, 하나님의 원하심이 저에게서 이루어지길 바라요." 하지만 마리아는 이미 요셉이라는 사람과 결혼하기로 하였답니다. 비록 하나님의 아 기지만 결혼도 하지 않은 여인이 아기를 가진다는 것은 너무나도 이 상한 일이었습니다. 이를 걱정하고 있는 요셉에게도 천사가 나타났 습니다. "요셉! 요셉! 당신이 결혼할 마리아는 하나님의 아기를 낳을 것이니 그 이름을 예수라 부르세요." 요셉도 마리아처럼 천사의 말을 굳게 믿고 따르기로 했습니다.

마리아는 친척 엘리사벳의 집으로 갔습니다. 아기를 가진 기쁨을 엘리사벳과 함께 나누고 싶었어요. 유다에 있는 깊은 산골은 나사렛에서 아주 아주 멀었어요. 바람이 차가웠지만 마리아는 기쁜 마음으로 길을 나섰어요. 엘리사벳과 마리아는 너무 너무 반갑고 기뻤어요. "엘리사벳 축하해요."마리아가 엘리사벳에게 말했어요. 엄가가 기쁘면 아기도 기쁜가봐요. 엘리사벳의 뱃속에서 아기가 콩닥 콩닥 뛰놀았지요.

엘리사벳은 마리아의 손을 잡고 큰 소리로 말했습니다. "모든 여자들 중에 가장 복 되시며 태중의 아드님 또한 복되십니다." "하나님께서 하시는 일은 안 되는게 없어요." "하나님의 뜻대로 이루어질 거에요." 엘리사벳이 물었어요. "마리아, 아기의 이름은 뭐라고 지을 거에요?" "하나님이 정하신 대로에요." 그 아기의 이름은 뭘까요? 바로 바로, 예수랍니다. 마리아는 엘리사벳의 집에서 한달, 두달, 석달이나 있었어요. 마리아는 너무나 행복해서 시간 가는 줄 몰랐답니다. 엘리사벳의 배가 점점 커다래졌어요. 마리아도 곧 집으로 가야해요. 엘리사넷처럼 배가 불러오면 집에 가기 힘들어지니까요. "엘리사벳, 안녕히 계세요." "마리아, 주님의 어머니 안녕히 가세요." 꽃들도 살랑 살랑 흔들어 주었어요. 새들도 마리아의 머리 위에서 안녕하고 즐겁게 노래했어요. 여름이 가고 가을, 겨울이 되었을 때 마리아는 요셉과 베들레헴에 갔어요. 고향 베들레헴에서 요셉이 등록을 해야 했거든요. 마리아는 금방 아기를 낳을 것처럼 배가 커다랬어요.

수많은 사람들이 베들레헴으로 몰려와서 여관엔 방이 없었어요. 그런데 아기가 태어나려고 했어요. 마리아와 요셉은 잠 잘 곳을 찾기 위해 문을 두드렸습니다. "똑똑" 주인이 나왔습니다. "오늘 하룻밤 자고 갈 방이 있을까요?" 요셉이 말했습니다. "미안하지만 방이 없어요." 주인이 말했습니다. "제 아내가 아기를 낳을 것 같아 그러니 제발 부탁드립니다." "그렇다면 방은 없고 마구간이라도 괜찮으면 거기서 묵어도 좋아요." 마리아와 요셉은 고맙다는 인사를 하고 마구간으로 갔습니다.

드디어, 베들레헴의 어느 허름한 마구간에서 아기 예수가 태어났습니다. 밤하늘의 수많은 별들도 아기 예수의 탄생을 온 세상에 알리려 더욱 더 많은 빛을 내었습니다. 그 중에 유난히도 큰 별은 너무나도 빛이 나 이를 보고 있던 동방박사들은 그 큰 별을 따라가기로 하였습니다. "저 별은 분명히 세상의 왕으로 태어난 아기 예수가 있는 곳으로 우리를 데려다 줄거야. 자, 따라가 보자구!" 동방 박사들은 아기 예수에게 드릴 귀한 황금과 유황 그리고 몰약을 가지고 산을 넘고 강을 건너 그 큰 별을 따라갔습니다. 오랫동안 동방박사들은 별을 따라 발걸음을 옮겼습니다. 얼마나 지났을까요? 큰 별은 베들레헴 어느 작고 허름한 마굿간 위에 멈추었습니다. 동방박사들은 마구간 안으로 들어가 구유에 누우신 아기 예수께 엎드려 절하며 보배합을 열어 황금, 유향, 몰약을 예물로 드렸습니다. 그 날은 온 세상 모두가 아기 예수의 탄생을 축하하는 고요하고 거룩한 밤이었습니다.

8. 애벌레 파랑이

　나비 나비 예쁜 나비 빙글빙글 춤을 춰. 빙글빙글 빙빙빙 빙글빙글 빙빙빙. 파랗고 통통한 애벌레가 이른 아침부터 기분 좋게 기어 다닙니다. 여기저기 기어 다니며 꽃도 먹고 풀도 맛보았습니다. 그런데 누군가 재미있게 날아다니네요. 파랑나비예요. 애벌레가 나비를 불렀어요. "나에게 오렴. 심심하니까 같이 놀자!" "그럴 수 없어. 놀 수 없어. 난 시간이 없거든. 시냇물까지 가야해. 밤나무가 있는 곳에서 모두 같이 삼월 축제의 춤을 추기로 했거든." 촛불이 곳-곳에. 밝게 빛나는 삼월. 풀-냄새 상-긋한 삼월. 삼월 잔치에. "내가 애벌레라는 것이 정말 안타까워. 나도 시냇가에 갈 수 있다면 얼마나 좋을까!" 통통한 애벌레는 마음속으로 말하며 이슬을 한 모금 마셨습니다. 그런데 누군가 재미있게 날아다니네요. 노랑나비예요. 애벌레가 나비를 불렀어요. "나한테 오렴. 심심하니까 같이 놀자!" "그럴 수 없어. 놀 수 없어. 난 시간이 없거든. 시냇물까지 가야해. 밤나무가 있는 곳에서 모두 같이 삼월 축제의 춤을 추기로 했거든." 촛불이 곳-곳에. 밝게 빛나는 삼월. 풀-냄새 상-긋한 삼월 삼월 잔치에. "내가 애벌레라는 것이 정말 안타까워. 나도 시냇가에 갈 수 있다면 얼마나 좋을까!" 통통한 애벌레는 마음속으로 말하며 이슬을 한 모금 마셨습니다. 그런데 누군가 재미있게 날아다니네요. 하얀나비예요. 애벌레가 나비를 불렀어요. "나한테 오렴. 심심하니까 같이 놀자!" "그럴 수 없어. 놀 수 없어. 난 시간이 없거든. 시냇물까지 가야해. 밤나무가 있는 곳에서 모두 같이 삼월 축제의 춤을 추기로 했거든." 촛불이 곳-곳에. 밝게 빛나는 삼월. 풀-냄새 상-긋한 삼월 잔치에. "내가 애벌레라는 것이 정말 안타까워. 나도 시냇가에 갈 수 있다면 얼마나 좋을까!", "나는 너무 슬퍼. 실을 뽑아서 나를 작게 감싸 버릴테야." 작은 집에서 무언가 움직이지요? 애벌레 파랑이가 다시 나올까요? 아니예요. 애벌레 파랑이가 아니예요. 아주 아름다운 나비예요. 요정의 날개를 가진 나비야. 골짜기를 넘어. 언덕을 넘어 날아가렴. 다른 나비들과 함께 재미있게 춤을 추렴. 나비야 예쁜 나비야. 팔랑팔랑 즐겁게 춤을 추렴. 나비 나비 예쁜 나비 빙글빙글 춤을 춰 빙글빙글 빙빙빙 빙글빙글 빙빙빙~.

9. 양치기 소년

옛날 어느 마을에 양치기 소년이 살고 있었어요. 소년은 늘 산 중턱 풀밭에서 자신의 양들을 돌보았습니다. 소년은 하루 종일 혼자서 양들을 돌보자니 점점 외롭고 심심해졌어요. "휴, 심심해. 같이 놀 친구도 없고... 좀 재미있는 일이 없을까?" 하루는 소년에게 재미있는 생각이 떠올랐답니다. 소년은 무릎은 탁 치며 "옳지, 좋은 생각이 있어. 마을 사람들을 골려 줘야지." 소년은 곧바로 마을로 뛰어 내려갔어요. 소년은 "늑대다! 늑대가 나타났어요!"라고 큰소리로 외쳤어요. 마을 사람들은 깜짝 놀랐어요. "늑대가 나타났다고?" "빨리 가 봅시다. 빨리." 마을 사람들은 소년을 도와주기 위해 손에 손에 몽둥이를 들고 산 중턱으로 뛰어 올라갔어요. 산 중턱으로 올라온 마을 사람들은 주변을 둘러보았어요. "늑대가 어디 있니? 너 늑대를 분명히 봤니?" "하하하! 늑대는 없어요. 심심해서 그냥 한번 해 봤어요." 양치기 소년은 마을 사람들이 자신의 말에 속은 것이 너무 우스웠어요. 마을 사람들은 소년의 말에 당황했어요. "아니, 이런 나쁜 녀석을 봤나. 어른들에게 장난을 치다니." 사람들은 화가 나서 툴툴대며 마을로 내려갔어요. 양치기소년은 자신의 거짓말에 마을 사람들이 전부 뛰어오는 것이 너무도 재미있었어요. 며칠 후, 양치기 소년은 다시 산 중턱 풀밭으로 양 떼를 데리고 올라갔어요. 양들은 한가롭게 풀을 뜯어먹고, 혼자서 심심해진 소년은 또 다시 재미있는 거짓말이하고 싶었어요. 소년은 마을로 뛰어가며 소리쳤어요. "늑대다. 늑대가 나타났어요! 이번에는 진짜에요. 아주 큰 늑대가 나타났어요." 마을 사람들은 양치기 소년이 또 거짓말을 했을까봐 걱정되었지만, 이내 소년을 도와주기 위해 산중턱으로 몽둥이를 손에 들고 뛰어 올라갔어요."헉헉, 늑대가 어디 있지?" 마을 사람들은 주위를 샅샅이 살펴보았어요."하하하, 늑대는 없어요. 너무 심심해서 장난했어요." 소년은 재미있다는 웃음을 터뜨렸어요. 바쁘게 하던 일을 멈추고 늑대를 잡기 위해 뛰어온 마을 사람들은 힘이 쭉 빠지는 것 같았어요. 사람들은 잔뜩 화가 난 채 저마다 한마디씩 하며 마을로 내려왔어요. "너 자꾸 거짓말하면 후회하는 날이 올 거야." "자꾸 거짓말하면 아무도 너의 말을 믿지 않을 테니까." 며칠이 지난 어느 날이에요. 여느 날처럼 양 떼들은 풀을 뜯어먹고, 소년은 풀밭에 누워 있었어요. 갑자기 나무 뒤에서 이상한 소리가 들려서 소년은 뒤를 돌아보았어요. "크아앙" 그때 나무 뒤에서 늑대가 뛰쳐나와서, 양들을 마구 잡아먹기 시작했어요. "늑대다! 늑대가 나타났다!" 양치기 소년은 마을로 뛰어 내려가며 소리쳤지요. "도와주세요. 늑대가 나타났어요!" 일을 하던 마을 사람들은 양치기 소년의 목소리를 들었지만 별일 아니라는 듯 들은 척도 하지 않았지요. "흥, 또 장난치는 거지?. 거짓말 마라. 다시는 너한테 안 속아" 소년은 눈물을 흘리며 마을 사람들에게 애원했어요. 하지만, 아무도 소년의 이야기는 들으려고 하지 않았어요. "엉엉엉. 어쩌면 좋아! 아무도 내말을 믿지 않아." 양치기소년은 후회했지만 소용없었어요. 산중턱 풀밭에서는 늑대가 양들을 마구 잡아먹고 있었답니다.

10. 여기저기 데려가 달라고 조르는 아이

　하루는 어떤 아이가 풀밭 위를 걸어갔어요. 토끼도 깡충 깡충 뛰고 새들도 즐겁게 노래했지요. 기분이 참 좋아서 노래가 절로 나왔어요. "아~ 여긴 정말 좋아요 이렇게 끝없이 걸어 갈테야!" 하루는 어떤 아이가 풀밭 위를 걸어갔어요. 토끼도 깡충 깡충 뛰고 새들도 즐겁게 노래했지요. 그런데 갑자기 다리가 아팠어요. "이제 더 이상은 싫어, 누군가 와서 나를 데리고 가주면 얼마나 좋을까?" 그때 시냇물이 졸졸 흘러와서 아이를 데리고 갔어요. 아이는 물위에 떠서 말했지요. "아, 이제 다시 기분이 좋아졌네!" 그런데 시냇물이 얼음처럼 차가워서 손발이 꽁꽁 어는 것 같았어요. "이제 더 이상은 싫어, 누군가 와서 나를 데리고 가주면 얼마나 좋을까?" 그때 조그만 배가 둥둥 떠내려 와서 아이를 싣고 갔어요. 아이는 배에 타고서 말했지요. "아, 이제 다시 기분이 좋아졌네!" 그런데 배가 너무 작았어요. 금방 떨어질 것 같아서 덜컥 겁이 났어요. "이제 더 이상은 싫어,

누군가 와서 나를 데리고 가주면 얼마나 좋을까?" 그때 달팽이 한 마리가 느릿느릿 기어와서 아이를 태워갔어요. 아이는 달팽이집 위에 앉아서 말했지요. "아, 이제 다시 기분이 좋아졌네!" 그런데 달팽이는 말처럼 달리진 못하잖아요. 너무 느림보여서 지루했어요. "이제 더 이상은 싫어, 누군가 와서 나를 데리고 가주면 얼마나 좋을까?" 그때 말 한 마리가 따각따각 달려와서 아이를 태워갔어요. 아이는 말 등에 타고서 말했지요. "아, 이제 다시 기분이 좋아졌네!" 그런데 이 말이 글쎄 바람처럼 막 달리지 않아요? 너무 빨리 달려 아이는 제대로 앉아 있을 수도 없었어요. 그래서 "그만, 그만." 하고 소릴 질렀지요. 그러다가 어이쿠 쿵 하고 떨어졌어요. 말이 아이를 내려다보며 말했어요. "어, 떨어져 버렸네!" 그리고는 재빨리 제 갈 길로 가버렸어요. 아이는 마음속으로 말했지요. "누군가 와서 나를 데리고 가주면 얼마나 좋을까?" 그때 누군가 아이를 불렀어요. 누구일까? "아, 엄마가 왔네!" 엄마가 와서 아이를 꼭 안아주었어요. 아이는 마음 속으로 말했지요. "난- 엄마 품이 가장 좋아!"

11. 염소 세 마리

옛날에 염소 세 마리가 있었어요.. 그들은 초원에서 뛰어 놀았지요. 총총, 총총 작은 염소가 있어요. 다각, 다각 조금 큰 염소가 있는데, 작은 염소보다는 조금 크지요. 탁, 탁, 탁 아주 큰 염소도 있어요. 염소들은 초원의 풀은 다 뜯어먹자, 이렇게 말했어요. "여기에는 더이상 먹을 것이 없어. 너무 배가 고파! 너무 배가 고파!" "높은 초원으로 올라가자. 거기에는 풀과 약초가 많아서 배가 부를 거야." 높은초원으로 가려면 다리를 건너야 하는데, 다리 밑에는 주변에 오는모든 것들을 잡아먹는 욕심 많고, 뻔뻔스러운 거인이 앉아 있었어요. 먼저 작은 염소가 다리 위로 총총, 총총 다가 왔어요. 거인은 귀를 쫑긋 세우며 말했어요. "거기 누가 내 다리위로 지나가는 거냐 !너는 누구냐?" 작은 염소가 말했어요. "나는 염소예요. 더 이상 먹을것을 찾을 수가 없어요. 너무 배가 고파요. 그래서 높은 초원으로 올라가려고 해요." "그러지 않는 것이 좋을 거야." 거인이 말했어요.

"나도 배가 고파서 지금 너를 잡아먹을 거야." "이런" 작은 염소가 말했어요. "별로 도움이 안 될 거예요. 나는 마르고 작거든요. 내 뒤에 조금 큰 염소가 와요." 거인은 놀란 입을 다물었어요. 작은 염소는 총총, 총총 다리위로 지나서 다시는 돌아오지 않았어요. 거인은 조금 큰 염소가 오는 소리를 들었어요. 다각, 다각 산으로 올라오네요. 거인은 코를 세우며 말했어요. "누가 내 다리 위로 오는 거냐? 너는 누구냐?" "나는 염소예요. 여기에서 더 이상 먹을 것을 구할 수가 없어요. 배가 너무 고파서 초원으로 올라가려고 해요." "그래." 거인은 말했어요. "근데, 나는 너보다 더 배가 고파서 너를 잡아먹을 거란다." "이런." 조금 큰 염소가 말했어요. "별로 도움이 안 될 거예요. 나는 마르고 작거든요. 내 뒤에 아주 큰 염소가 와요." 거인은 놀란 입을 다물었어요. 조금 큰 염소는 다각, 다각 다리 위로 지나서 다시는 돌아오지 않았어요. 얼마가 지나자 거인은 아주 큰 염소가 오는 소리를 들었어요. "누가 내 다리 위로 오는 거냐? 너는 누구냐?" 하고 소리를 질렀어요. "나는 염소예요. 더 이상 먹을 것을 구할 수가 없어요. 너무 배가 고파요. 서둘러 초원으로 올라가지 않으면 다른 염소들이 다 먹어치울 거예요." "그래." 거인은 말했어요. "제대로 찾아왔단다. 왜냐하면 나도 배가 많이 고프거든."하면서 아주 큰 염소를 덮쳤어요. 그러나 염소는 거인을 물속에 빠뜨렸어요. 욕심 많고, 뻔뻔한 거인은 물 속으로 빠져서 더 이상 보이지 않았어요. 아주 큰 염소가 탁, 탁, 탁 초원 위로 올라가요. 작은 염소는 총, 총, 총 뛰어가고 조금 큰 염소는 다각, 다각 뛰어가네요. 염소 세 마리가 초원에서 풀을 함께 맛있게 먹고 있어요. (번역: 이소윤)

12. 요술 부채

　옛날 옛날, 아주 옛날이었어요. 쇠머리골에 엉뚱한 생각만 하는 게으름뱅이 나무꾼이 살았답니다. 어느 여름날, 산에 나무를 하러 간 나무꾼은 그늘에 앉아 또 엉뚱한 생각에 빠져 있었어요. "아유, 도깨비 방망이 같은 게 있으면 나무를 하지 않아도 될 텐데…" 그때였습니다. 나무꾼은 건너편 소나무 가지에 매달린 부채 두 개를 보았어요. "저게 웬 부채지?" 나무꾼은 부채를 펴 보았습니다. 하나는 빨간 부채, 하나는 파란 부채였어요. 나무꾼은 빨간 부채로 활활 부채질을 해 보았습니다. 그런데 이게 웬일이에요? 갑자기 코가 뜨끈뜨끈하지 않겠어요? 나무꾼은 놀라서 코를 움켜쥐었습니다. "이건 또 뭐야?" 납작하던 나무꾼의 코가 주먹만큼 크게 부풀어 오른 것이었어요. 나무꾼이 부채질을 하면 할수록 코는 더 뜨겁고, 더 크게 부풀었답니다. 뜨거워서 폴짝폴짝 뛰다가 나무꾼은 파란 부채 생각이 났어요. 눈을 질끈 감고 파란 부채를 부쳐 보았지요. 그런데, 이건 또 어찌 된 일일까요? 화끈거리던 코가 식고, 부풀었던 큰 코가 다시 납작해지는 거예요. 나무꾼은 좋아서 덩실덩실 춤을 추었습니다. "야아, 요게 바로 요술 부채다, 요술 부채야! 요술 방망이 대신 요술 부채라니, 이젠 나무를 안 해도 부자가 되겠구나. 얼씨구!" 나무꾼은 콧노래를 부르고 어깨춤을 추며 집으로 돌아왔어요. "여보, 빨랑 나와서 이것 좀 보라고, 이것 좀 봐!" 나무꾼은 소리쳐 아내를 불렀습니다. "아니, 나무도 안 하고 그냥 오면 어떻게 해요!" "임자, 놀라지 말라고, 이게 뭔지 알아? 요술부채야, 요술 부채!" 나무꾼은 아내 앞에서 으스대며 소리쳤어요. "네? 요술 부채요?" 나무꾼의 아내는 놀란 눈이 왕방울처럼 커졌습니다. 나무꾼은 아내가 보는 앞에서 빨간 부채로 훨훨 부채질을 했어요. "애고! 큰일 났네, 큰일 났어" 아내는 부풀어 오르는 나무꾼의 코를 보며 기겁을 했지요. 나무꾼은 시치미를 뚝 떼고 파란 부채를 살랑살랑 흔들었습니다. "여보, 코가 다시 줄어들었어요!" 아내가 놀라 소리치자 나무꾼이 웃으며 말했어요. "이제 가만히 앉아 있어도 부자가 될 테니, 두고 보라고!" 며칠 후 쇠머리골 부자 영감님의 환갑날이 찾아왔습니다. 부자 영감님은 온 동네 사람들을 불러 잔치를 벌였어요. 사람들은 술 마시고 노래를 부르며 춤을 추었지요. 그 때 빨간 부채를 허리춤에 찬 나무꾼이 찾아왔습니다. "아이구, 어르신, 얼마나 기쁘십니까? 오래오래 사시고, 복 많이 누리세요." "암, 기쁘다마다. 내 평생에 이런 기쁜 날이 또 오겠는가?" 부자 영감님은 술에 취해 비틀거리며 나무꾼을 끌어당겼어요. 나무꾼은 이 때다 싶어 영감님의 얼굴에다 살살 부채질을 했지요. 부자 영감님은 그것도 모르고 덩실덩실 춤만 추었답니다. 영리한 그 집 고양이만 빼고는 나무꾼이 한 짓을 아무도 눈치 채지 못했어요. 나무꾼은 물러나서 팔짱을 끼고 지켜보다가 히죽히죽 웃으며 슬그머니 집으로 돌아왔습니다. "아니 저게 뭐람, 자네 코가 왜 그렇게 커졌나?" 아랫집 영감님이 놀라 소리쳤어요. 함께 춤추던 사람들이 모두 부자 영감님을 쳐다보았지요. 그제 서야 부자 영감님은 코를 움켜쥐었습니다. "앗 뜨거, 앗 뜨거! 사람 살려요, 사람 살려!" 부자 영감님은 이리 뛰고 저리 뛰며 고함을 쳤어요. 사람들은 옆에 있다가 혹시 콧병이 옮을까봐 뿔뿔이 흩어졌습니다. 그 날부터 부자 영감님은 이름난 의원을 모조리 불러 온갖 약을 다 써 보았어요. 하지만 영감님의 부푼 코는 가라앉을 줄 몰랐답니다. 부자 영감님은 그만 자리에 눕고 말았어요. 생각 끝에 부자 영감님은 여기저기에 방을 써 붙였습니다. "누구든 내 콧병을 고쳐 주는 사람에게는 재산의 절반을 나누어 주겠다." 나무꾼은 그제서야 시치미를 뚝 떼고 파란 부채를 허리춤에 감춘 채 부자 영감님의 집을 찾아갔어요. "어르신네, 고쳐만 드리면 약속은 지키시는 거죠?" "그야 낫게만 해 주면 그까짓 재산이 문제인가?" 나무꾼은 부자 영감님한테 눈을 감으라고 한 다음 파란 부채를 꺼내 훨훨 부채질을 했습니다. 그러자 영감님의 코가 예전처럼 작아졌어요. "여보게, 고맙네! 자네가 나를 살렸어!" 부자 영감님은 코를 만져보며 좋아서 어쩔 줄 몰랐습니다. 나무꾼은 약속대로 부자 영감님의 재산을 받아 부자가 되었어요. 그 때부터 나무꾼은 날마다 먹고 자고 놀기만 했답니다. 어느날 나무꾼이 부채를 옆에 놓아 둔 채 낮잠이 들었어요. 마침, 나무꾼의 집을 맴돌던 부잣집 고양이가 재빨리 부채를 훔쳐서 주인에게 가져갔지요. 영리한 고양이는 자기 주인의 코가 왜 커졌다 작아졌다 했는지 다 알고 있었거든요. 영리한 고양이 덕분에 부자 영감님도 요술 부채의 비밀을 알아냈지요. 부자 영감님은 당장에 나무꾼의 코를 주먹만하게 부풀려서 관가에 넘겨 버렸답니다. 결국 나무꾼은 지은 죄만큼 벌을 받고 부자 영감님네 재산을 고스란히 돌려주고 말았어요.

13. 의좋은 형제

옛날 어느 고을에 사이좋은 형제가 살았습니다. 형은 얼굴이 둥글고 듬직하게 생겼고, 동생은 밝고 환한 얼굴을 하여 서로 다르게 생겼지만, 두 형제는 서로를 사랑하는 마음은 더도 덜도 없이 아주 똑같았답니다. 일찍 아버지를 여의고 홀어머니 밑에서 자란 형제는 효성 또한 지극했어요. 새벽마다 서로 먼저 일어나서 따뜻한 음식을 지어드리고, 겨울이면 어머니의 잠자리가 따뜻해질 때까지 몸으로 데워드렸지요. 마을 사람들은 입을 모아 형제를 칭찬했답니다.

어느 날, 어머니가 돌아가시자 형제는 물려주신 논밭을 나누게 되었어요. "형님께서 어른이니 더 많이 가지세요." "아니야, 아직 젊은 아우가 더 갖게." 형제는 서로 더 많이 가지라고 권했지요. 옆에서 지켜보던 마을 영감님이 껄껄 웃으며 말했어요. "그러다간 머리가 허옇게 될 때까지 나누지 못하겠군. 지금 논밭을 나눌 게 아니라 둘이 함께 농사를 지어 거둬들인 볏단을 똑같이 나누는 게 좋겠네." 형제는 마을 영감님의 말에 고개를 끄덕였습니다.

두 형제는 아침 일찍 들에 나가 저녁 이슬이 내릴 때까지 부지런히 일을 하여 가을걷이 때는 마을의 어느 누구보다도 많은 곡식을 거두어들일 수 있었답니다. 그런데 형제는 볏단을 나누느라 또 실랑이를 하였어요. "아우는 새 살림을 시작했으니 돈이 수월찮이 들걸세. 조금만 더 갖게나." "아니에요. 형님이 조상님 제사를 모시니 더 많이 가지셔야죠." 형제의 실랑이는 저녁이 되도록 끝나지 않았어요. 그날 밤, 형은 곰곰이 생각해 보았어요. "아우는 장가든 지 얼마 안 됐으니 이것저것 필요한 게 많을 거야. 말은 안 하지만 마음고생이 오죽 심할까! 아우 몰래 볏단을 더 갖다 놓아야겠어." 형은 한밤중에 아우네 볏가리 위에 몰래 벼 한단을 얹어 놓고 왔습니다. 그런데 아우 역시 형과 똑같은 생각을 했답니다. "형님 댁은 딸린 식구가 좀 많아? 더구나 제사도 모셔야 하는데 형님 모르게 볏단이라도 드려야겠다." 이튿날이었어요. 뒷마당에 나온 형은 깜짝 놀랐답니다. 형은 고개를 갸우뚱거리며 혼잣말을 했어요. "어, 이상한데! 도대체 어떻게 된 일일까? 어젯밤에 분명히 벼 한 단을 아우네 집에 가져다 주었는데..." 이 생각 저 생각 해 보았지만 도대체 볏단이 줄지 않은 이유를 알 수가 없었어요. 조금도 줄지 않은 볏단을 보고 놀라기는 아우도 마찬가지였습니다. "분명히 지난밤에 형님 댁에 벼 한단을 가져다 드렸는데 어찌 된 일이지?" 아우도 그 까닭을 생각해 보았지만, 알 수가 없었어요. 그날 밤, 형은 아우네 집에 다시 볏단을 가져다 주었어요. "이제 아우의 것이 더 많겠지." 형의 마음은 흐뭇해졌습니다. 아우 역시 형님네 볏가리 위에 볏단을 다시 두고 왔어요. "이제야 형님을 도와 드릴 수 있겠구나." 다음날 아침이 밝았습니다. 형제는 한 마음으로 볏가리를 바라보았어요. 그런데 형의 집이나 아우의 집이나 볏단이 조금도 줄지 않은 거예요. 형제는 영문을 몰라 눈만 꿈뻑 거렸답니다. 그날 밤 형은 조금 더 일찍 아우네 집에 볏단을 가져다 놓기로 했어요. 아우의 집이 눈에 들어올 때 쯤 형은 몸집이 자그마한 사람이 볏단을 지고 맞은편에서 걸어오고 있는 것을 보았습니다. "이 밤중에 누가 볏단을 지고 오는 걸까?" 형은 그 사람 앞으로 성큼성큼 다가갔어요. 그 사람도 형을 보고 궁금한지 걸음을 서두르는 것 같았습니다. 두 사람은 훤한 달빛 아래 점점 가까이 다가갔어요. 팔 하나만 뻗치면 닿을 정도로 가까워졌을 때, 형은 "앗!" 놀라고 말았답니다. 그러자 맞은편에서도 "아!"하고 소리를 질렀어요. "형님이셨군요! 저희 집에 볏단을 가져다 준 분이…" "아우였구나! 우리 집에 볏단을 가져다 준 사람이 바로 아우였어." 두 사람은 서로 손을 마주 잡고 눈물을 흘렸습니다. 하늘에서는 형의 얼굴처럼 둥글고, 아우의 얼굴빛처럼 환한 달님이 사이좋은 형제를 내려다보며 흐뭇하게 웃고 있었어요.

14. 한스의 사과 씨앗

옛날에 한스라는 한 소년이 살았어요. 한스는 사과를 좋아했는데, 특히 사과 안에 작은 별처럼 모여 있는 밤색 씨들을 보고 가장 좋아했지요. 어느 날 어머니는 한스에게 말해주었어요. 좋은 땅에서 햇살을 받고 비를 마시고 하늘의 축복을 누린 씨앗이 어떻게 사과나무가 되는지 말해 주었어요. 그 후 한스는 사과 씨앗를 모으기 시작했어요. 한스는 씨앗 하나하나에게 '한스의 사과 씨앗'이라고 이름을 지어주었지요. 어느 정도 사과 씨앗이 모이자 한스는 엄마에게 부탁했어요. "어머니, 사과 씨앗을 담을 수 있게 자루를 만들어 주세요." 어머니는 작은 천 조각으로 자루를 만들어 주었어요. 한스는 씨앗들을 자루 속에 넣었고, 자루가 꽉 차자 어머니에게 가서 부탁했어요. "좀 더 큰 자루를 만들어 주세요." 어머니는 좀 더 큰 천 조각을 가지고 자루를 만들었고 자루 속이 꽉 차자 한스는 어머니에게 가서 다시 말했어요. "어머니, 아주 큰 자루를 만들어 주세요." 어머니는 아주 큰 천을 가지고 아주 큰 자루를 만들어 주었어요. 아주 큰 자루가 꽉 채워지자 어느덧 어린 한스도 큰 소년이 되었어요. 한스는 어머니에게 말했어요. "저는 이제 넓은 세상을 향해 여행을 하고 싶어요. 모든 아이들이 좋은 사과를 보며 기뻐할 수 있도록 사과 씨앗을 심고 싶어요." 그는 여행준비를 시작했어요. 머리 위엔 냄비를 올리고, 손에는 지팡이를 들고 사과 씨앗 자루를 어깨에 짊어졌지요. 그리고 한스는 맨발로 걷는 것에 개의치 않았어요. 하늘의 뜻을 이루기 위해 격언들과 이야기가 담긴 책도 챙겼어요. 한스는 어머니에게 작별인사를 하고 기쁜 노래를 부르면서 여행길을 떠났어요. 은혜로우신 신이시여. 당신에게 항상 감사해요. 당신은 저에게 필요한 모든 것을 내려 주십니다. 비와 햇빛과 사과씨도 주십니다. 한스는 가는 곳마다 사과 씨앗을 심었어요. 가끔 농부들 곁에 머물면서 일을 돕기도 했어요. 한스가 떠날 때는 씨앗을 농부들 집 주변에 뿌렸어요. 먼 훗날 아름다운 사과 과수원이 될 수 있도록 말이에요. 한스는 태양을 따라서 더 이상 갈 수 없을 때까지 여행을 했어요. 드디어 바다 근처까지 왔어요. 이제 그의 자루 속에는 씨앗이 하나도 남지 않았어요. 한스는 그 다음해 봄까지 마음씨 착한 사람들 곁에 머물렀습니다. 그런 다음 집으로 향하는 길에 처음으로 사과 싹이 새끼손가락보다 조금 작은 크기로 자란 것을 보았어요. 그 다음 사과 싹은 약지만큼 자랐고, 그 다음은 중지만하고, 그 다음은 검지 손가락만큼 굵

었고, 어떤 것들은 엄지손가락만큼 컸어요. 한스는 계속 여행을 하면서 더 큰 나무들을 보았어요. 첫 번째 나무는 그의 손바닥만 했고, 그 다음은 그의 팔뚝만큼 자랐고 마지막 나무는 그의 팔 길이만큼 커 있었어요. 한스가 점점 집에 가까이 갈수록 나무는 더 자라 있었어요. 드디어 집에 도착하자 벌써 한스의 키만큼 자란 나무도 있었습니다. 어머니는 먼 곳에서부터 한스의 노래를 들었어요. 은혜로우신 신이시여. 당신께 항상 감사해요. 당신은 저에게 필요한 모든 것을 내려 주십니다. 비와 햇빛과 사과 씨앗도 주십니다. 그러자 어머니는 한스를 향해 달려갔어요. 그리고 아들에게 아주 잘 익은 사과를 주었습니다.

15. 생일 동화

옛날에 한 아이가 하늘에서 살았어요. 이 아이는 땅 세상이 너무 궁금해서 날마다 구름 사이로 땅 세상을 구경했지요. 어느 날 하늘의 왕이 아이를 불렀어요. "아이야, 땅 세상에 가고 싶으니?" 아이는 "네" 라고 대답했어요. 그러나 하늘의 왕이 말했어요. "내가 수호천사 2명과 함께 땅 세상에 내려 보내 줄 테니 언제든지 내가 부르면 다시 돌아와야 한단다." 하늘의 왕과 약속을 하고 수호천사와 함께 아이는 땅 세상으로 내려가기로 했어요. 한참을 가다가 구름 사이로 아래를 내려 다 보았어요. 그때 하늘의 왕이 "저기 어여쁜 아주머니와 멋진 아저씨가 너의 엄마와 아빠란다." 하며 아이를 무지개 미끄럼틀을 태웠어요. "네가 엄마 아빠 품속에서 행복하게 살다가 내가 다시 부르면 하늘로 올라와야 한다." 하며 엄마 아빠 품속에 아이를 쏙 넣어 주었어요.

아이는 무지개 미끄럼틀을 타고 내려와 커다란 꽃밭에 떨어졌어요. 그리고 한 달이 지나고, 두 달이 지나고, 석 달이 지나 아주머니의 배가 이만~큼 불렀어요. 그러던 어느 날 어여쁜 아주머니가 꿈을 꾸었어요.

(각자 아이 태몽 이야기를 들려준다)

집채만큼 커다란 호랑이 한 마리가 집 앞을 서성이는데 그 옆에는 늑대가 호랑이를 지켜 주고 있었대요. 그런데 갑자기 코뿔소, 사슴, 얼룩말, 멧돼지 등 온갖 동물이 집으로 들어오려고 하자 커다란 호랑이가 그 동물을 모두 물리치고 아주머니의 집으로 들어와 편히 쉬었답니다. 꿈을 꾸고, 한 달이 지나고 두 달이 지나고 드디어 열 번째 달이 되었어요. "응애! 응애! 응애!" 하며 귀엽고 사랑스러운 한 아기가 태어났는데 그 아이의 이름은 바로 우리 OOO랍니다.

부록
2

발도르프
손유희·라이겐

본 자료는 발도르프 교육지원센터 교사교육 자료(손유희·라이겐 전문강사: 정은혜 원장 제공)와 한국루돌프슈타이너인지학연구센터 발도르프영유아교육예술가 전문가과정 자료임을 밝힙니다.

손유희·라이겐

손유희

1. 노래가 들려요

노래가 들려요 봄이 다시 왔어요
목동들은 즐겁게 피리를 부네요
트랄랄랄 랄랄랄랄 랄라
트랄랄랄 랄랄랄랄 랄라

2. 민들레

노란 민들레가 길가에 밭가에 예쁘게 피었어

(민들레 민들레 라라 라라 라라라 ×2)

민들레가 꽃잎을 달고 가만히 기다리고 있으니까

아! 하얀 솜뭉치로 바뀌었어 씨앗이 된거야 그때 바람이 불어왔어

후~ 씨앗들이 하늘위로 날아갔어 (위로 아래로 ×3)

다시 땅으로 내려왔어 얼마 지나면 다시 노란 민들레가 될거야

(민들레 민들레 라라 라라 라라라 ×2)

3. 맑은 시냇물

맑은 시냇물 속에 작은 물고기 한 마리

이리 저리 헤엄치다

물 위로 치솟고 물 밑으로 들어가고(×2)

지느러미를 떨다가 이젠 가만히 있어

물결따라 그네를 타네(×2)

물고기는 참 좋겠지?

4. 즐거운 여름

랄라랄라 / 랄라랄라 / 즐거운 여름이 오면
푸른 들판 위 웃음 / 가득 하하하 / 하하 즐거워라

5. 작은 물고기

맑고 맑은 시냇물 속에 작은 물고기 한 마리가
이리저리 헤엄치고 헤엄치고
물 위로 치솟고 물 밑으로 들어가
지느러미를 떨다가 이제 가민히 있어 (×2)
물결 따라 그네를 타네~ 물결 따라 그네를 타네~

6. 앵무새

앵무새가 나무위에 앉아 있어 왼쪽눈을 감았다 떴다 하네
하하 앵무새가 하하 앵무새가 밤새 내내 웃네.

7. 나는야 뚱뚱한 곰

나는야 뚱뚱한 곰 숲 속에서 왔어요

나와 함께 춤출 친굴 찾고 있어요

나와 함께 춤춰요 즐겁게 춤춰요(x2)

8. 빙글빙글 도는 팽이

빙글빙글 도는 팽이처럼

그 다음에 그 다음에

바로 너

9. 톡톡 톡톡 탁

톡톡 톡톡톡 톡톡 톡톡탁

뒷꿈치를 감싸주고

우리 예쁜 ○○발

10. 반지야 반지야

반지야 반지야. 너는 나들이 간다. 한 손에서
다른 으로. 오! 정말 즐거워 오! 정말 즐거워
아무도 모르게 놓아 주세요. 꼭꼭 숨어라
머리카락 보일라. 꼭꼭 숨어라. 옷자락이 보일라

11. 귀여운 다람쥐

귀여운 다람쥐가 도토리를 주워다가 서랍 속에 넣어 놓고
야금 야금 먹고 있네 어느 서랍 속에 넣었을까

12. 밤하늘에

밤하늘에 밤하늘에 얼마나 많은 별이 떠 있을까

13. 딩동댕

딩동 딩동 딩동 댕

딩동 댕 딩동댕 딩동 딩동 댕

아름다운 종소리가 딩동 딩동 댕

14. 언덕 위의 작은 토끼

언덕 위의 작은 토끼가 웅크리고 있네

가여운 토끼야 너는 아파 뛸 수가 없니

뛰어보렴 뛰어보렴 뛰어봐~

15. 동그란 팔찌

동그란 팔찌를 손목에 동그란 반지를 손가락에

예쁘고 예쁜 우리 아기

착한 아기 우리 아기

16. 맛있는 호두

맛있는 호두 드륵 드륵 드륵 드륵
어떻게 깔까 드륵 드륵 드륵 드륵
호두까기로 까지 딱 딱 딱

17. 아담의 일곱 아들

아담은 일곱 명의 아들이 있었는데요
먹―지도 마시지도 못했답니다
그리고 이렇게 했어요

18. 쉿쉿쉿

쉿!쉿!쉿! 어디선가 나무 깎는 소리가 들려요
쉿!쉿!쉿! 목수 아저씨가 대패질을 하고 계세요
쉿!쉿!쉿! 어디선가 나무 깎는 소리가 들려요

쉿!쉿!쉿! 목수 아저씨가 대패질을 하고 계세요
커다란 옷장 커다란 침대
커다란 옷장 커다란 책상

쉿!쉿!쉿! 어디선가 나무 깎는 소리가 들려요
쉿!쉿!쉿! 목수 아저씨가 대패질을 하고 계세요
아주 작은 옷장 아주 작은 침대
아주 작은 의자 아주 작은 책상
아주 작은 건 귀여운 난쟁이를 위해

19. 반죽을 하자

반죽을 하자 반죽을 하자 돌돌돌돌...

20. 둠라

둠라둠라 / 둠라디 / 둠라 디비스 / 감바야
라우디 라우디 / 모슬리바 / 라우디 라우디
모슬리바!

21. 우리 친구 여기 모여

우리 친구 여기 모여 숨바꼭질하네 /
누구 친구 숨어 있는지 ○○○야 맞춰봐.

22. 아담의 일곱 아들

아담은 일곱 명의 아들이 있어요
먹지도 마시지도 못했답니다
그리고 이렇게 했어요
-고개를 끄덕끄덕 손가락을 톡톡톡 (손가락까딱임)
 오른쪽으로 왼쪽으로 빙빙 돌아요 즐겁게
-엉덩이를 씰룩씰룩

23. 한 사람

한 사람이 계단 위를 올라갑니다
잠깐 쉬었다가 다시 올라갑니다
초인종을 누르고 딩동딩동

24. 가장 어두운 땅 속에서

가장 어두운 땅 속에서
가장 밝은 돌이 빛납니다
돌은 맑고 빛나고 아름답습니다
돌은 빛내기를 배웁니다
별에서부터 그렇게 많은 것을 배웁니다
우리도 돌과 같이 될 수 있습니다
맑고 빛나는 자신이 됩니다

25. 뿌리 난장이

싹싹 싹싹 뿌리 난쟁이가 싹싹 싹싹 뿌리를 닦고 있어
싹싹 싹싹 산에 있는 가느다란 뿌리야
어두운 땅속에서 예쁘게 꽃이 올라왔네 햇빛속에서 활짝 피었네
오ㅡㅡ좋은 향기가 나네 오ㅡㅡ에에에 에취 고마워 작은 꽃아ㅡ

26. 밤 노래

달이 하늘에 떠올라 세상을 내려다봅니다.
어두운 밤중에 우릴 지켜줍니다.
좋은 달! 좋은 달!
별도 찾아왔어요. 우릴 지켜줍니다.
은빛 별빛 꿈을 보내줍니다.
좋은 별! 좋은 별!
어른 아이 함께 깊은 잠을 잡니다.
달님과 별님이 밤을 지켜줍니다.
온- 밤을~~ 긴- 밤을~~
모두 모두 잠이 들었습니다.

모든 배는 항구에서 모든 새는 둥지 속에서 깊이 잠이 들었습니다.

모든 꽃들과 모든 나무들도 이제 고운 꿈을 꿉니다.

그래요, 온 세상이 잠이 들었습니다.

오직 별님과 달님만이 하늘에서 우릴 지켜줍니다.

27. 아침 기도문

가장 어두운 땅 속에서

가장 밝은 돌이 빛납니다

돌은 맑고 빛나고 아름답습니다

돌은 빛내기를 배웁니다

별에서부터 그렇게 많은 것을 배웁니다

우리도 돌과 같이 될 수 있습니다

맑고 빛나는 자신이 됩니다

28. 식사기도

하늘 가운데 빛 내 안에 빛
나를 거쳐 이 땅위에 비추소서~

29. 안녕

안 ― 녕 먼 동이 틀 때 까―지
아침새가 울 때까지 안 ― 녕

30. 평화의 인사

평화가 그대와 함께 샬롬 샬롬
평화가 그대와 함께 샬롬 샬롬

31. 우리 다시 만날 때

우리 다시 만날 때 그땐 더 고울 거야

그때 네 고운 손 위에 음음~~ 입 맞출거야

안녕 안~녕 오늘은 안녕

그땐 네 고운 손 위에 음음~~ 입 맞출거야

32. 이별

이 별 / 이 별 ─ 은 정말 / 못 할 일 이/ 야 / 그 ─

우 리/ 우 리 ─ 가 쌓은/추 억 거 리/들/곱 ─

그-러-나 우린 / 헤 어 져 야 / 해 잘─ / 있 어 요 정든 / 친 구 들
우리

─ ─ 게 접어 / 간 직 해둬 / 요 슬픈 / 날 이 나 기쁜 / 날 에 도 우리

서 로 를 잊지 / 말─아─요 먼 / 훗 날 다 시 / 만 나요 또 / 봐 요

마 음 은 함께 / 있─어─요

33. 교사를 위한 아침시

어둔 밤이 지나고 햇살이 새날을 밝혀줍니다.
오늘도 지혜가 나를 통해 빛나게 하시고
사랑이 내 안에서 빛을 내게 하시며
힘이 내 안에 스미게 하소서

내가 오늘 하루를 시작할 때
아이들을 사랑하는 마음을 잃지 않게 하시고
하루에 한 번씩 아이를 안고 사랑한다고 말할 수 있게 하시어
그 사랑을 아이가 느낄 수 있게 하소서

아이들의 한마디 한마디를 귀담아 듣게 하시고
아이들의 시간으로 기다려 줄 수 있는 교사가 되게 하시고
아이들에 대한 선입견을 버리고
열린 마음으로 아이들을 바라보게 하시고
아이들의 몸짓에 욕심내지 않고 있는 그대로 받아들이게 하소서
말로 가르치려 하기보다 언제나 몸으로 보여주는 교사가 되게 하
소서

내가 오늘 하루를 시작할 때

나와 함께 하는 교사들을 사랑하는 마음을 잃지 않게 하시고

하루에 3번씩 동료에게 웃어줄 수 있는 교사가 되게 하시어

그로 인해 동료교사가 힘을 얻어 살 수 있게 하소서

우리가 서로에 의해서 달라질 수 있다는 것을 믿으며

격려와 조언을 주저하지 않게 하소서

내가 오늘 하루를 시작할 때

누구보다 나 스스로를 사랑하게 하시고

반성은 하되 자책하지 않게 하소서

오늘도 나의 몸과 마음의 건강을 지키게 하시고

어렵더라도 부모와의 대화를 주저하지 않게 하시고

사사로운 말에 귀 기울이지 않는 의연한 교사가 되게 하소서

그리고 교사의 행복이 아이의 행복임을 알고

나에게 주어진 시간과 이 아이들에게 감사하게 하소서

라이겐

1. 봄나들이

가자~가자~ 봄나들이 가자~ 친구들아 오너라~ 나들이 가자

(딸랑~딸랑~딸랑~) 방울꽃님! 방울꽃님! 우리들이 기다리고 있어요.

우리 정원으로 빨리 와주세요. 추운 겨울은 이미 멀리 갔거든요.

그러니깐 종을 울려 봐요~ (딸랑~딸랑~딸랑~)

(윙~윙~윙~) 꿀벌들이 부지런히 붕붕거리고 벌들도 날아다녀요.

노랑나비도 훨훨 춤을 추네요

그러니깐 종을 울려 봐요~ (팔랑~팔랑~팔랑~)

가자~가자~ 봄나들이 가자~ 친구들아 오너라~ 나들이 가자

(깡총!깡총!깡총!) 엄마토끼가 아기토끼에게 말하네요.

"저것 봐, 우리 정원이 얼마나 푸르니?

사랑하는 내 아기토끼야, 이리와서 깡충깡충 뛰어보렴" (깡충!깡충!

깡충!)

그러니깐 종을 울려 봐요~(딸랑~딸랑~딸랑~)

(짹!짹!짹!×2) 정원을 가로질러 참새가 날아다녀요.

봄의 노래를 지저귀고 있어요 (짹!짹!짹!×2)

자작나무 위에 피리새도 피리리릭~ 피리리릭~ 피리리릭~ 노래해요

그러니깐 종을 울려 봐요~ (딸랑~딸랑~딸랑~)

가자~가자~ 봄나들이 가자~ 친구들아 오너라~ 나들이 가자~

2. 이른 아침

이른 아침 이른 아침 아빠 닭이 가장 먼저 일어났어요.

꼬끼오~ 꼬끼오~ 모두들 일어나세요. 꼬끼오~

그때 해님이 하늘로 올라왔어요. 온 세상을 밝게 비추어 주었지요.

삐삣~ 삐삣~ 그때 작은 새가 일어났어요. 삐삣~ 삐삣~

멍멍멍! 그때 강아지가 일어났어요. 멍멍! 멍멍! 멍멍!

이힝~이힝~ 아, 이제 당나귀도 일어나 한마디 하네. 이힝~이힝~이힝

음메~음메~ 그때 송아지도 일어나서 엄마 소를 불러요. 음메~음메~음메~

메헤~메헤~ 그때 염소도 일어났어요. 메헤~메헤~메헤~

그때 밝은 햇살 속에 꽃들도 꽃잎을 살짝 열었지요.

마지막으로 우리 막내도 일어나서

기분 좋게 웃네~ 기분 좋게 웃네~

3. 예쁜 새

저 산 모퉁이에서 한 마리 새가 날아오네요.

나뭇가지에 앉아 말합니다. 삐-빗~ 삐-빗~.

난 널~ 좋아해, 난 널~ 좋아해.

새들이 날아와요 모든 예쁜 새

새들이 날아와요. 모든 착한 새

날아 날아 날아 이리저리로~ 날아 날아 날아 모두 신나네~

날아 날아 날아 이제 둥지 안으로~ 둥지 안으로~ 안으로~

몸을 웅크리고 잠이 들었네 들-었-네

둥지 속에 새 한 마리 싶은 잠이 들었어요.

부드러운 바람이 불어와 가볍게 흔들어 주네요.

흔들 흔들 흔들 바람 따라 흔들~ 흔들 흔들흔들 우리 예쁜 새~

흔들 흔들 흔들 잠이 들었네- 잠이 들었네- 들-었-네

4. 배나무

저 푸른 초원 위에 예쁜 배나무 — 배나무엔 잎이 있어요

배나무엔 무엇이 있을까? 참 아름다운 나뭇가지

나뭇가지는 나무에, 나무는 땅 속에

나뭇가지엔 무엇이 있을까? 참 아름다운 잔가지

잔가지는 나뭇가지에, 나뭇가지는 나무에, 나무는 땅 속에

잔가지엔 무엇이 있을까? 참 따뜻한 둥지

둥지는 잔가지에, 잔가지는 나뭇가지에,

나뭇가지는 나무에, 나무는 땅 속에

둥지엔 무엇이 있을까? 참 동그란 알

알은 둥지에, 둥지는 잔가지에, 잔가지는 나뭇가지에 나뭇가지는 나

무에, 나무는 땅 속에

알엔 무엇이 있을까? 참 아름다운 새

새는 알속에, 알은 둥지에, 둥지는 잔가지에, 잔가지는 나뭇가지에

나뭇가지는 나무에, 나무는 땅 속에

새에는 무엇이 있을까? 참 아름다운 깃털

깃털은 새에, 새는 알속에, 알은 둥지에, 둥지는 잔가지에

잔가지는 나뭇가지에, 나뭇가지는 나무에, 나무는 땅 속에

깃털엔 무엇이 있을까? 팔딱팔딱 벼룩

벼룩은 깃털에, 깃털은 새에, 새는 알 속에, 알은 둥지에

둥지는 잔가지에, 잔가지는 나뭇가지에, 나뭇가지는 나무에, 나무는 땅 속에

팔딱거리는 벼룩은 모두 도망갔어요! 그리고 우리 아이들이 돌아왔네요.

5. 고기잡이

가자~ 가자~ 강으로 가자. 고기를 잡을 강으로 가자~

바람은 솔~솔~ 시냇물은 졸~졸~

우리를 반갑게 맞아준대요

우리를 기쁘게 맞아준대요

작은 지렁이를 낚시에 끼워

강물로 휙- 던지자. 강물로 확- 던지자.

낚싯줄이 흔들~흔들~흔들~흔들~

낚싯대가 흔들~흔들~흔들~흔들~

어, 무언가 잡힌 것 같아! 어, 무언가 잡힌 것 같아!

밖으로 확~ 올리자. 밖으로 확~ 올리자.

커다란 물고기가 펄떡!펄떡! 펄떡!펄떡!

자그마한 물고기가 팔딱!팔딱! 팔딱!팔딱!

아! 고기들이 잡혔네. 아! 고기들이 잡혔네.

가자~ 가자~ 강으로 가자

고기를 잡으러 강으로 가자~

바람은 솔~솔~ 시냇물은 졸~졸~

우리를 반갑게 맞아준대요

우리를 기쁘게 맞아준대요.

6. 커다란 무

한 할아버지가 있었는데 밭에다 무씨앗을~ 뿌렸어~ 뿌렸어

그리고는 무한테 잘 자라라고 복을 빌어 주었지

"쑥쑥 크거라 쑥쑥 크거라 단단하고 달콤하고 시원해라"

한참 지나서 밭엘 가보니 아! 무가 정말 잘 자란거야

큰 무가 됐어 그래서 무를 잡고 뽑으려고 해

영~치기 영차, 영~치기 영차, 꿈~쩍도 안하네, 꿈~쩍도 안하네

할아버지가 할머니를 불렀어~ 불렀어~

"이리와서 도와주세요~ 이리와서 도와주세요~"

할머니 할아버질 잡고 할어버지 무를 잡고

영~치기 영차, 영~치기 영차, 꿈~쩍도 안하네, 꿈~쩍도 안하네

할머니가 손주를 불렀어~ 불렀어~

"이리와서 도와주세요~ 이리와서 도와주세요~"

손주 할머닐 잡고 할머니 할아버질 잡고 할아버지 무를 잡고

영~치기 영차, 영~치기 영차, 꿈~쩍도 안하네, 꿈~쩍도 안하네

손주가 삽살개를 불렀어~ 불렀어~

"이리와서 도와주세요~ 이리와서 도와주세요~"

삽살개 손주를 잡고 손주 할머닐 잡고 할머니 할아버질 잡고 할어버지 무를 잡고

영~치기 영차, 영~치기 영차, 꿈~쩍도 안하네, 꿈~쩍도 안하네

삽살개가 고양이를 불렀어~ 불렀어~

"이리와서 도와주세요~ 이리와서 도와주세요~"

고양이 삽살개를 잡고 삽살개 손주를 잡고 손주 할머닐 잡고

할머니 할아버질 잡고 할어버지 무를 잡고

영~치기 영차, 영~치기 영차, 꿈~쩍도 안하네, 꿈~쩍도 안하네

고양이가 생쥐를 불렀어~ 불렀어~

"이리와서 도와주세요~ 이리와서 도와주세요~"

생쥐 고양이를 잡고 고양이 삽살개를 잡고 삽살개 손주를 잡고 손주 할머닐 잡고

할머니 할아버질 잡고 할어버지 무를 잡고

영~치기 영차, 영~치기 영차, 꿈~쩍도 안하네, 꿈~쩍도 안하네

어이쿠 쿵!

이제~야 뽑았네~ 이제~야 뽑았네

모두들~ 기쁜 마음으로 무~를 집으로 들고 가~네~

할머니가 뭇국을 끓여서 모두들 맛있게 먹~네~ 모두들 맛있게 먹~
네~

7. 가자 가자 강으로 가자

가자 가자 강으로 가자 고기를 잡으러 강으로 가자

바람은 솔솔~ 시냇물은 졸졸~

우리를 반갑게 맞아준대요 우리를 반갑게 맞아준대요

작은 지렁이를 낚싯줄에 끼워 강물로 휙~ 던지자 강물로 휙~ 던

지자

(조용~조용)

가자 가자 강으로 가자 고기를 잡으러 강으로 가자

바람은 솔솔~ 시냇물은 졸졸~

우리가 반갑게 맞아준대요 우리를 반갑게 맞아준대요

낚싯줄이 흔들 흔들 흔들 흔들 낚싯대가 흔들 흔들 흔들 흔들

가자 가자 강으로 가자 고기를 잡으러 강으로 가자

바람은 솔솔~ 시냇물은 졸졸~

우리를 반갑게 맞아준대요 우리를 반갑게 맞아준대요

큰 고기들이 펄떡 펄떡 펄떡 펄떡 작은 고기들이 팔딱 팔딱 팔딱 팔딱

어! 고기들이 잡혔네? 어! 고기들이 잡혔네?

8. 여기 저기 데려가 달라고 조르는 아이

하루는 어떤 아이가 풀밭 위를 걸어갔어.

토끼도 깡충 깡충 뛰고 새들도 즐겁게 노래했지.

아이는 기분이 정말 좋았어. "여기는 정말 좋아. 이렇게 끝없이 걸어 갈거야." 하루는 어떤 아이가 풀밭 위를 걸어갔어. 그런데 다리가 아팠어.

"이제 더 이상은 싫어. 누군가 와서 나를 데리고 가주면 얼마나 좋을까?" 그때 시냇물이 다가와서 아이를 태우고 갔어.

아이는 시냇물 위에 타고서 말했지. "기분이 다시 좋아졌네!" 그런 데 시냇물이 얼음장처럼 차가웠단 말이야. 두 발이 꽁꽁 얼어버리는 것만 같았어.

"이제 더 이상은 싫어. 누군가 와서 나를 데리고 가주면 얼마나 좋을까?" 그때 작은 배가 다가와서 아이를 데리고 갔어.

아이는 배 위에 타고서 말했지. "기분이 다시 좋아졌네!" 그런데 배 가 너무 좁았단 말이야. 너무 좁아서 떨어질 것만 같았어.

"이제 더 이상은 싫어. 누군가 와서 나를 데리고 가주면 얼마나 좋을까?" 그대 달팽이가 기어와 아이를 태우고 갔어.

아이는 달팽이 집 위에 타고서 말했지. "기분이 다시 좋아졌네!" 그 런데 달팽이는 너무 느림보란 말이야. 너무 느려서 지루해졌지.

"이제 더 이상은 싫어. 누군가 와서 나를 데리고 가주면 얼마나 좋을까?"

그때 따각 따각 말이 다가와 아이를 태우고 갔어.

아이는 말 등 위에 타고서 말했지. "이제 다시 기분이 좋아졌네!" 그런데 글쎄, 이 말이 바람처럼 씽씽 달리잖아. 너무 빨리 달려서 겁이 났어. 그래서 "그만 그만!" 하다가 그만 나뭇가지에 걸리고 말았지. 아이는 속으로 말했지.

"이제 더 이상은 싫어. 누군가 와서 나를 데리고 가주면 얼마나 좋을까?"

그때 누군가 다가와서 아이를 불러. 누구일까? 엄마가 와서 아이를 꼭 껴안아 주었어. 아이는 엄마 품 속에서 말했지.

"나는 이 세상에서 엄마 품이 제일 좋아!"

9. 곰사냥

곰 잡으러 간단다 큰 곰 잡으러 간단다

정말 날씨도 좋구나 우린 하나도 안 무서워

어라! 풀밭이잖아? 넘실대는 기다란 풀잎

그 위로 넘어갈 수도 없네 그 밑으로 지나갈 수 없네

아, 아니지! 풀밭을 헤치고 지나가면 되잖아!

사각 서걱! 사각 서걱! (×2)

어라! 강이잖아? 깊고 차가운 강물

그 위로 넘어갈 수도 없네 그 밑으로 지나갈 수 없네

아, 아니지! 강물을 헤엄쳐 건너면 되잖아!

덤벙 텀벙! 덤벙 텀벙! (×2)

어라! 진흙탕이잖아? 깊고 질퍽이는 진흙탕

그 위로 넘어갈 수도 없네 그 밑으로 지나갈 수 없네

아, 아니지! 진흙탕을 밟고 지나가면 되잖아!

처벌 철벅! 처벅 철벅! (×2)

어라! 숲이잖아? 커다랗고 컴컴한 숲

그 위로 넘어갈 수도 없네 그 밑으로 지나갈 수 없네

아, 아니지! 숲을 뚫고 지나가면 되잖아!

바스락 부시럭! 바스락 부시럭! (×2)

어라! 눈보라잖아? 소용돌이치는 눈보라

그 위로 넘어갈 수도 없네 그 밑으로 지나갈 수 없네

아, 아니지! 눈보라를 뚫고 지나가면 되잖아!

휘~이잉! 휘~이잉! (×2)

어라! 동굴이잖아 좁고 어두침침한 동굴

그 위로 넘어갈 수도 없네 그 밑으로 지나갈 수 없네

아, 아니지! 동굴 속으로 들어가면 되잖아!

살금 살금! 살금 살금! (×2)

어라! 저게 뭐지? 반들반들하고 촉촉한 코가 하나!

털이 덥수룩한 귀가 둘! 반짝반짝 빛나는 눈이 둘!

으악! 곰이잖아!

어서 동굴을 빠져나가자 살금 살금! 살금 살금!

어서 눈보라를 헤치고 가자 휘~이잉! 휘~이잉!

어서 숲을 뚫고 가자 바시락 부시럭! 바시락 부시럭!

어서 진흙탕을 밟고 가자 처벅 철벅! 처벅 철벅!

어서 강물을 헤엄쳐가자 덤벙 텀벙! 덤벙 텀벙!

어서 풀숲을 헤치고 가자 사각 서걱! 사각 서걱!

10. 빗방울

토닥토닥 토닥토닥 토닥토닥 토닥톡(×2)

방울방울 빗방울 머리위에 떨어져

빗방울이 토닥 토닥톡

흠뻑 젖었네 흠뻑 젖었네 빗방울 빗방울

누가 또 비를 맞고 싶을까?

나무들 꽃들 그리고 풀들, 모두들 즐겁게 비를 맞자!

토닥토닥 토닥토닥 토닥토닥 토닥톡(×2)

달팽이, 지렁이, 징검다리 위에 개구리 개굴개굴,

모두들 빗속에 있길 좋아하지!

토닥토닥 토닥토닥 토닥토닥 토닥톡(×2)

빗물은 씻겨주고 빗물은 마실 물을 주고

빗물이 떨어지면 온 땅이 노래를 하지!

토닥토닥 토닥토닥 토닥토닥 토닥톡(×2)

방울 방울 빗방울 머리위에 떨어져 빗방울이야 토닥 토닥톡

흠뻑 젖었네 흠뻑 젖었네 빗방울 빗방울

아! 비가 이젠 그쳤어. 구름이 멀리 갔나봐

음~ 온 세상이 잠잠해 우리들도 잠잠해 음음음~

11. 바람 놀이

바람이 아이들을 세상에 내보냈어요. 바람의 아이들은 세상 밖으로 나왔지요.

잘 들어봐 혹시 너희들도 아니? 이 바람이 어떤 바람인지...

쉬-쉬-쉬-　쉬-쉬-쉬-

숲 바람은 수풀 속에서 불고 있어요 쉬-쉬-쉬-

큰소리로: 쉬-쉬　작은소리로: 쉬-

바람이 아이들을 세상에 내보냈어요. 바람의 아이들은 세상 밖으로 나왔지요.

잘 들어봐 혹시 너희들도 아니? 이 바람이 어떤 바람인지...

푸-푸-푸-　푸-푸-푸-

흔들바람은 나뭇잎을 이렇게 흔듭니다.

푸-푸-푸-

우리에게 예쁜 꿈을 가져다 줍니다.

바람이 아이들을 세상에 내보냈어요. 바람의 아이들은 세상 밖으로 나왔지요.

잘 들어봐 혹시 너희들도 아니? 이 바람이 어떤 바람인지...

싹 쓸 싹　싹 쓸 싹　싹쓸바람이 휘몰아치네

싹 쓸 싹　싹 쓸 싹 어느새 사라졌네

바람이 아이들을 세상에 내보냈어요. 바람의 아이들은 세상 밖으로
나왔지요

잘 들어봐 혹시 너희들도 아니? 이 바람이 어떤 바람인지...

휘이 휘이 빙그르르   휘이 휘이 빙그르르

회오리 바람, 회오리 바람은 빙빙 돌지요 빙빙 돌지요

휘이 휘이 빙그르르르 휘이 휘이 회오리바람 휘이 휘이 빙그르르르

바람이 아이들을 세상에 내보냈어요. 바람의 아이들은 세상 밖으로
나왔지요

잘 들어봐 혹시 너희들도 아니?   이 바람이 어떤 바람인지...

살랑 살랑 살랑 살랑 살랑~ 산들바람이 노래를 불러요 살랑 살랑
살랑 살랑~

이제 바람의 아이들은 모두 집으로 돌아갔어요.

쉬-쉬-쉬- 숲바람. 푸-푸-푸- 흔들바람

싹 쓸 쌀 싹 쓸 싹 싹쓸바람. 휘이 휘이 빙그르르르 회오리바람

산들바람만 남아서 노래를 불러요. 잘 들어봐 얼마나 예쁜지

살랑 살랑 살랑 살랑~   살랑 살랑 살랑 살랑~

모두 집으로 돌아가 즐거운 노래를 부르네.

음~ 음~ 음~ 음~ 음~ 음~ 음~ 음~ 음~ 음~ 음~

12. 산타할아버지

산타할아버지 오시네– 커다란 선물 가지고
산타할아버지 오시네– 썰매를 타고 오시네
산타할아버지 오시네– 커다란 선물 가지고
산타할아버지 오시네– 우리 마을로 오시네

뚝딱 뚝딱 끼끽 뚝딱 뚝딱 끼끽 / 예쁘게 다듬자 멋지게 만들자
금가루를 뿌리고 은가루를 뿌리고 / 반짝반짝 금가루 반짝반짝 은가루
두리번 두리번 사슴이 어디 있을까? 두리번 두리번 썰매 끌 사슴이
어디 있을까?
두리번 두리번 코가 반짝! 코가 반짝! 두리번 두리번 아~ 저기 루돌프!

두리번 두리번 착한 아이는 어디 있을까? 두리번 두리번 밝게 웃는
아이는 어디 있을까?
두리번 두리번 어디어디 있을까? 두리번 아~ 저 아이!
쌩쌩~ 휘휘~ 빙글빙글~ 붕붕~
루돌프가 달려요 신나게 달려요 산타할아버지가 달려요 신나게 달
려요
쌩쌩~ 휘휘~ 빙글빙글~ 붕붕~

13. 눈송이

눈송이 눈송이 하늘에서 내리네

아이 어른 모두 기뻐해, 눈이 눈이 내리 내리네

눈송이 눈송이 야호 야호 야호 (×2)

모두 집에 있지 않고 바깥으로 달려가네

눈송이 눈송이 야호 야호 야호 (×2)

눈을 뭉쳐 눈을 뭉쳐 눈싸움을 한다네

퓽~ 퓽~ 퓽~ 야호 야호 야호 (×2)

눈썰매를 가져와 언덕 아래로 내려가자

휘이~ 휘이~ 휘이~ 야호 야호 야호 (×2)

눈사람을 만들자 활짝 웃는 눈사람을

하! 하! 하! 야호 야호 야호 (×2)

눈송이 눈송이 하늘에서 내리네

아이 어른 모두 기뻐해, 눈이 눈이 내리 내리네

눈송이 눈송이 야호 야호 야호 (×2)

눈송이가 하늘에서

눈송이가 하늘에서 가만히 세상으로 내려옵니다.

한 송이가 내 머리 위에 앉았습니다.

보세요! 반짝반짝거리다가 녹아듭니다.

눈송이가 하늘에서 가만히 세상으로 내려옵니다.

한 송이가 내 어깨 위에 앉았습니다.

보세요! 반짝반짝거리다가 녹아듭니다.

눈송이가 하늘에서 가만히 세상으로 내려옵니다.

한 송이가 내 무릎 위에 앉았습니다.

보세요! 반짝반짝거리다가 녹아듭니다.

눈송이가 하늘에서 가만히 세상으로 내려옵니다.

한 송이가 내 코 위에 앉았습니다.

보세요! 반짝반짝거리다가 녹아듭니다. 음~

14. 눈사람

눈송이 하얀 송이
너는 언제 내렸니
저기 저 먼 구름 속에
너는 살고 있지

눈꽃송이 하얀 송이
소복소복 쌓이면
눈사람도 만들고
눈싸움도 하지

자~ 눈사람을 만들어 볼까요
눈사람을 눈사람을

Huppa-heh! Huppa-heh!
Huppa-Huppa Huppa-heh!

눈을 굴려 보아요
굴려요! 굴려요!

작은 눈덩이를 커다랗게
굴려요! 굴려요!

눈덩이를 평평한 땅 위에
잘 세워 보아요
후 ~ 잘 세워졌네요

눈을 계속 굴려 보아요
굴려요! 굴려요!
작은 눈덩이를 커다랗게
굴려요! 굴려요!

잠깐! 너무 크지 않게
이것은 눈사람의 머리가 될 거예요
작은 눈덩이를
커다란 눈덩이 위에 올려 보아요
후~ 잘 세워졌네요

Bab-bab-bab-bab
Bab-bab-bab-bab

눈사람을 두드려요
Bab-bab-bab-bab
Bab-bab-bab-bab
눈사람을 두드려요

이제 눈사람에게 모자를 씌워주어요
두 개의 눈도
긴 코도
그리고 입도 만들어 주어요
우리의 눈사람이 웃고 있네요

배 위에 두꺼운 단추를 달고
양 주먹을 허리에 얹고
우리의 눈사람이 서 있네요
마지막으로 빗자루를 손에 쥐어주면
와!~ 우리의 눈사람이 완성되었네요

Huppa-heh! Huppa-heh!
Huppa-Huppa Huppa-heh!

눈꽃송이 하얀 송이

너는 언제 내렸니

저기 저 먼 구름 속에

너는 살고 있지

눈꽃송이 하얀 송이

소복소복 쌓이면

눈사람도 만들고~눈싸움도 하지

15. 졸업

숲속 나무위에 올망졸망 아기 새들
햇님이 살포시 만져주고
바람이 스르르 ~ 스르르 ~ 그네를 태워주고
비는 토로록 ~ 토로록 ~ 노래를 들려준다
그 아래 아기 새들은 가볍게 날갯짓을 합니다.

숲 속 나무 위에 올망졸망 아기 새들
해님이 뜨겁게 안아주고
바람이 휘익~ 휘익~ 밀어주고
비는 투두둑 ~ 투두둑 ~ 노래를 부른다
그 아래 아기 새들은 가볍게 날갯짓을 합니다.

해님이 이야기합니다. 이젠 좀 더 높은 곳에 가 보겠니?
바람이 이야기합니다. 자 이리와봐!
비가 이야기합니다. 높은 하늘은 더 재밌고 신날거야!
아기 새들은 해와 바람과 비를 따라
높은 하늘을 향해 힘차게 날갯짓을 합니다.

구름 따라 날아가는 새들이 고운 햇살 아래 밝게 빛납니다.

이제 아기 새처럼 팔을 넓게 펴고

두 팔을 높이 뻗어 빛을 향해 나가요!

이제 더 넓은 세상 날아가고 싶어요.

전국 발도르프 유아교육 및 관련 기관

지역	명칭	주소	연락처
킨더 가르텐	강서 발도르프킨더가르텐 햇빛	서울 강서구 등촌로51길 88 (등촌동)	02-2653-2462
킨더 가르텐	구로 항동 발도르프킨더가르텐	서울 구로구 오리로 13길 12-6(오류동)	02-2688-0520
킨더 가르텐	강남 발도르프킨더가르텐	서울 강남구 논현로2길 22 (개포동) 아람손프라자 1층	02-574-8210
킨더 가르텐	강남 율현 발도르프킨더가르텐	서울 강남구 밤고개로24길 54-3 (율현동) 방죽마을 內	02-3412-8210
킨더 가르텐	바람아래 발도르프킨더가르텐	서울 성북구 길음로 9길 40 (길음래미안 1차 108동 101호 (길음동)	02-942-5090
킨더 가르텐	리베바움 발도르프킨더가르텐	경기 성남시 분당구 분당동 34 샛별라이프아파트 단지 내	031-703-4809

지역	명칭	주소	연락처
킨더가르텐	솔숲발도르프킨더가르텐	경기 성남시 분당구 율동 269-1	031-733-8598
킨더가르텐	동수원발도르프킨더가르텐	경기 수원시 영통구 영통로 153번길 18-15	031-254-9080
킨더가르텐	인천발도르프킨더가르텐 빛의 아이들	인천 남동구 장자북로 43번길 27(장수동) 금성빌딩 2층	032-469-2014
킨더가르텐	담양살구나무발도르프킨더가르텐	전남 담양군 대전면 병풍내동길 50-3	061-381-7893
킨더가르텐	부산자유발도르프킨더가르텐	부산광역시 남구 유엔평화로126번길 17(용당 586-2번지)	051-621-7643
서울	아름드리어린이집	서울 강남구 개포동 4단지 436동 105호	02-445-1243
서울	아이뜰어린이집	서울 강남구 개포로22길 39-11	02-577-8210
서울	포도나무어린이집	서울 강남구 일원본동 목련타운아파트 109동 103호	02-445-9486
서울	노란민들레어린이집	서울 강동구 아리수로 93길 40 (강일동) 302호 104호	02-6080-9055
서울	둥근나라어린이집	서울 강북구 송천동 329-50	02-985-6920
서울	구립도담어린이집	서울 관악구 청림동 1-85	02-886-2240
서울	민어린이집	서울 광진구 자양로 30길 15	02-455-8005
서울	아기수잔나어린이집	서울 구로구 고척로51길 58	02-2615-1225

지역	명칭	주소	연락처
서울	수잔나어린이집	서울 구로구 고척로51길 73	02-2689-1225
서울	큰다우리 발도르프어린이집	서울 구로구 구로동로28길 33-5	070-8229-2897
서울	항동발도르프어린이집	서울 구로구 항동 5-4 유승빌리지 105동 102호	02-869-3795
서울	더불어숲어린이집	서울 동대문구 답십리2동 답십리래미안 엘파인아파트 관리동	02-6253-1004
서울	한신더불어숲어린이집	서울 동대문구 제기동 한신아파트 108동 101호	02-959-3898
서울	숲속천사킨더가르텐	서울 동작구 사당동 300-84	02-597-3383
서울	나래울어린이집	서울 마포구 성산2동 597	02-307-2009
서울	구립크니크니어린이집	서울 마포구 월드컵로1길 14 마포한강푸르지오 상가 L층	02-336-6836
서울	늘푸른어린이집	서울 서초구 방배동 851-16번지	02-537-2028
서울	구립사과꽃어린이집	서울 성동구 금호동2가 884번지 금호하이리버래미안 201동 1층	02-2231-0469
서울	서마어린이집	서울 성동구 마장동 527-10	02-2293-5369
서울	아이나라어린이집	서울 성북구 길음뉴타운 대우푸르지오아파트 220동 101호	02-942-0683

지역	명칭	주소	연락처
서울	초록새나무 발도르프어린이집	서울 성북구 종암로25길 22-29(종암경찰서 뒷담 일방통행길)	02-924-6644
서울	자연어린이집	서울 송파구 가락동 170-8	02-401-0009
서울	새움유치원	서울 송파구 중대로 27길 2	02-430-4399
서울	자연어린이집	서울 용산구 이촌1동 강촌아파트 104동 104호	02-790-3903
서울	별빛어린이집	서울 용산구 이촌동 347 신동아아파트 9동 102호	070-8746-4682
서울	우림별빛어린이집	서울 용산구 이촌로29길 21-7 한강우림필유아파트 101동 101호	02-792-4683
서울	꿈꾸는어린이집	서울 용산구 효창원로69길 57 베네스아파트 101동 104호	02-719-6545
서울	반석어린이집	서울 용산구 효창원로 178	02-719-9271
서울	딸기어린이집	서울 중랑구 망우로75길 19 106동 P층	02-2208-7707
서울	구립신정4동어린이집	서울특별시 양천구 오목로34길 5	02-2601-7856
경기 남부	내친구어린이집	경기 과천시 문원동 15-132번지	02-507-7414
경기 남부	과천자유 발도르프어린이집	경기 과천시 별양동 향촌1길 41 1층	02-530-4188

지역	명칭	주소	연락처
경기 남부	아이마을둥구나무 어린이집	경기 과천시 부림3길 24-6	02-502-8295
경기 남부	작은둥지어린이집	경기 안양시 동안구 관양동 1396-1 현대아파트 노인정 2층	031-384-6218
경기 남부	꽃가람어린이집	경기 안양시 동안구 동편로68번길 12	031-422-1885
경기 남부	작은천사어린이집	경기 군포시 산본로 432번길 25 한양목련아파트 1209동 101호	031-394-9751
경기 남부	온유어린이집	경기 군포시 산본로 432번길 25 한양목련아파트 1212동 101호	031-939-0100
경기 남부	꾸러기 발도르프어린이집	경기 군포시 수리산로 40 한양수리아파트 811-102	031-393-5512
경기 남부	수리발도르프어린이집	경기 군포시 오금로 34 삼익소월아파트 380동 103호	031-342-9444
경기 남부	꽃처럼어린이집	경기 의왕시 내손동 상록아파트 106동 104호	031-422-5082
경기 남부	새솔어린이집	경기 의왕시 청계로 149-5 (청계 새솔마을) 104호	070-8845-2012
경기 남부	우리숲학교	경기 광명시 구름산로 48번길 10	02-899-1628
경기 남부	중앙어린이집	경기 광명시 광명3동 138-10	02-2625-9585
경기 남부	아이숲어린이집	경기 시흥시 신천동 833-2	031-315-4429

지역	명칭	주소	연락처
경기 남부	산호마을어린이집	경기 시흥시 월곶동 1010-1번지 풍림2차아파트 관리동 1층	031-435-4279
경기 남부	왕자와공주 발도르프어린이집	경기 시흥시 중심상가로 285 건영1차아파트 117동 104호	031-499-9711
경기 남부	라마어린이집	경기 광주시 경안천로 293 세광아파트 101동 101호	031-768-8677
경기 남부	햇살아래 발도르프어린이집	경기도 양평군 옥천면 덕고갯길 33	070-7782-2811
경기 남부	한울어린이집	경기 수원시 장안구 송죽동 501-13 옥경빌딩 2층	010-6551-7806
경기 남부	하얀뜰어린이집	경기 수원시 장안구 영화동 425-10	031-251-3515
경기 남부	또래숲속학교	경기 수원시 팔달구 화서동 344-65	031-242-2255
경기 남부	한솔유치원	경기 평택시 죽백동 468-1	031-658-0606
경기 남부	순수발도르프어린이집	경기 용인시 기흥구 마북동 9-5	031-283-8731
경기 남부	별꽃씨어린이집	경기 수지구 동천로 178번길 24-2	031-264-2023
경기 남부	이루어린이집	경기 용인시 수지구 죽전1동 새터마을 죽전힐스테이트 720동 103호	031-305-7773

지역	명칭	주소	연락처
경기 남부	소화발도르프어린이집	경기 용인시 수지구 풍덕천2동 신정마을현대프라임아파트 207동 104호	031-265-6886
경기 북부	자유산새어린이집	경기 고양시 덕양구 대자동 824-49	031-969-5066
경기 북부	아기나무어린이집	경기 고양시 덕양구 행신동 햇빛마을아파트 1802동 103호	031-971-1656
경기 북부	햇빛자연 발도르프어린이집	경기 고양시 덕양구 행신동 햇빛마을아파트 1822동 103호	031-971-0435
경기 북부	하늘빛어린이집	경기 고양시 덕양구 화정2동 옥빛마을 15단지아파트	031-978-1270
경기 북부	시립화정어린이집	경기 고양시 덕양구 화정동 1006	031-638-2854
경기 북부	나무와새어린이집	경기 일산서구 원일로 21번길 43 106동 101호 (일신삼익A)	031-917-9173
경기 북부	아기나무어린이집	경기 파주시 해솔로 20 해솔마을4단지 벽산우남연리지 403동 103호	031-943-0680
경기 북부	자연어린이집	경기 양주시 삼숭동 GS자이아파트 605동 103호	031-827-0688
부천	현대신기어린이집	경기 부천시 소사구 범박동 151-2 현대홈타운5단지 관리동 1층	032-341-0470
부천	소사어린이집	경기 부천시 소사구 소사로177번길 19	032-349-4200

지역	명칭	주소	연락처
부천	신한일어린이집	경기 부천시 소사구 송내1동 427-32	032-666-6520
부천	유진어린이집	경기 부천시 소사구 송내동 423-9	032-668-0933
부천	민들레어린이집	경기 부천시 소사구 심곡본1동 596-10	032-652-0203
부천	자연을꿈꾸는어린이집	경기 부천시 소사구 심곡본동 롯데아파트 1동 108호	032-651-3558
부천	소사주공어린이집	경기 부천시 소사구 은성로 110-1	032-351-7078
부천	여월주공어린이집	경기 부천시 오정구 소사로 639 휴먼시아1단지 112동 1층(여월동)	032-676-0995
부천	별빛마을어린이집	경기 부천시 오정구 여월동 340 여월휴먼시아3단지 관리동 1층	032-675-7542
부천	오정어린이집	경기 부천시 오정구 부천로476번길 나길51(오정동)	032-671-0081
부천	동그라미어린이집	경기 부천시 원미구 심곡3동 331-73	032-665-9722
부천	예성어린이집	경기 부천시 원미구 중1동 보람마을아파트 1102동 106호	032-321-1100
부천	파스텔어린이집	경기 부천시 원미구 중2동 그린타운우성아파트 1309동 105호	032-322-3710

지역	명칭	주소	연락처
인천	사과나무어린이집	인천 계양구 도두리 74 도두리마을 대동아파트 529동 104호	032-282-7979
인천	서화어린이집	인천 남구 송림로 250 서화초등학교내	032-862-6060
인천	숲속어린이집	인천 남구 학익1동 학림풍림아이원아파트 120동 103호	032-866-3001
인천	서머힐어린이집	인천 남구 매소홀로475번길 18(신동아3차 20동 103동)	032-876-5123
인천	삼성발도르프어린이집	인천 남동구 간석2동 래미안자이아파트 관리동	032-202-7300
인천	새롬어린이집	인천 남동구 간석4동 616-7 신동아 파밀리에 102동 110호	032-875-0179
인천	밤비니어린이집	인천 남동구 간석4동 우성아파트 3동 107호	032-425-3834
인천	파밀리에어린이집	인천 남동구 경원대로 943 신동아파밀리에아파트 관리동 1층	032-872-4279
인천	행복아이어린이집	인천 남동구 구월2동 롯데캐슬골드아파트 1116동 104호	032-292-4851
인천	단풍마을어린이집	인천 남동구 논현로 242 단풍마을휴먼시아 관리동 1층	032-442-4279

지역	명칭	주소	연락처
인천	자연발도르프유치원	인천 남동구 백범로297번길 26	032-421-7087
인천	쥬디아이어린이집	인천 부평구 십정1동 608-4 주공뜨란채아파트 관리동	032-524-4464
강원도	자람어린이집	강원 춘천시 동내면 거두리 외솔길 19번길 25	033-253-5432
강원도	성암어린이집	강원도 춘천시 동내면 대룡산길 44-19	033-261-5230
충청도	브니엘어린이집	충남 서산시 동문동 7-3	041-668-5264
충청도	한나어린이집	충남 서산시 석림동 416-1 중앙하이츠빌아파트 102동 103호	041-667-5263
충청도	알프스어린이집	충남 아산시 탕정면 내곡천길 41-8	041-547-2277
충청도	아름드리 어린이집·유치원	충북 청주시 흥덕구 복대동 죽천로131번길 8-1	043-237-9177
전라도	푸른별어린이집	전남 담양군 대전면 서옥화암길 34-18	061-382-6663
전라도	낙원어린이집	전남 화순군 화순읍 신기리 부처샘길 1-11	061-373-0815
전라도	화순아이사랑어린이집	전남 화순군 화순읍 신기리 부처샘길 1-11	061-374-6936
부산 광역시	공립한누리어린이집	부산 남구 진남로 127번길 94	051-635-3064

지역	명칭	주소	연락처
대구 광역시	예쁜어린이집	대구 동구 신서동 427-2	053-964-4111
대구 광역시	향뜰어린이집	대구 수성구 천을로 125(매호동)	053-792-2420
울산 광역시	햇살아이마을어린이집	울산 북구 달천로 109 그린카운티아파트 201동 104호	052-292-5003
울산 광역시	순금산발도르프부모협 동어린이집	울산 북구 선장골길 26번지	052-285-2368
울산 광역시	희수자연학교어린이집	울산 북구 이화 4길 9 (중산동, 희수자연학교)	052-295-7996
경상도	금호어린이집	경북 영천시 금호읍 교대길8-13	054-334-0709
발도르프 학교	자유정릉발도르프학교 초록달아침	서울 성북구 정릉동 292-1 (솔샘로 73-16)	070-4135-2010
발도르프 학교	부천자유발도르프학교	경기 부천시 원미구 심곡3동 331-74	032-614-5272
발도르프 학교	서울자유발도르프학교	경기 부천시 소사구 옥길동 482-2	02-2619-1246
발도르프 학교	동림자유학교	경기 용인시 처인구 모현면 초하로 123-12	031-334-8345
발도르프 학교	슈타이너학교	경기 양평군 옥천면 용천3리 174번지	031-774-1346
발도르프 학교	청계자유발도르프학교	경기 의왕시 청계로189	070-4322-0200

지역	명칭	주소	연락처
발도르프 학교	푸른숲발도르프학교	경기 광주시 산수로 870-87(퇴촌면 원당리 348-19)	031-793-6591
발도르프 학교	안양발도르프학교	경기 안양시 만안구 예술공원로103번길 45	031-472-9113
발도르프 학교	성남자유발도르프학교	경기 성남시 수정구 탄천로 319번길 19	031-755-5004
발도르프 학교	인천자유발도르프학교	인천 동구 금곡동 10번지	010-7236-5220
발도르프 학교	큰나무캠프힐 (발달장애성인마을공동체	인천 강화군 양도면 도장리 672	010-7711-2173
발도르프 학교	대전자유발도르프학교	대전 유성구 은구비로 136번길 81-43	010-4144-4769
발도르프 학교	잇다자유학교	전남 담양군 수북면 오정리 136번길 19	010-5398-5657
발도르프 학교	무등자유발도르프학교	전남 담양군 봉산면 면앙정로 295	070-7755-1133
발도르프 학교	부산자유발도르프학교	부산 남구 유엔평화로126번길 17(용당동)	051-261-7643
발도르프 학교	사과나무학교	부산 남구 대연동 757번지	051-622-7545

※ 본 자료는 한국루돌프슈타이너인지학연구센터 홈페이지에서 발췌하였습니다.

참고문헌

가브리엘 쿠비 (2018). 정소영 역). **글로벌 성혁명**. 밝은생각.

강상희 (2002). 발도르프 교육학의 기초:인지학연구, 연세대학교대학
　　원 박사학위논문.

곽노의 (1998). 유아교육 개혁모델로서 자유발도르프 유치원 교육 탐
　　색, 『열린유아교육』, 제3권.

김선영 (2004). 루돌프 슈타이너의 발도르프 교육과정 연구. 단국대학
　　교 대학원 석사논문.

김영숙 (2019). **천천히 키워야 크게 자란다**. 라이프웨이스 코리아 연
　　구소.

김윤경 (2000). 발도르프학교의 교육과정 및 교육방법 연구, 공주교육
　　대학교 석사논문.

김　정·이수경(1996), **유아를 위한 조형놀이 교육**. 교문사.

김정임 (2017). **숲 발도르프영유아교육**. 동문사.

——— (2008). 발도르프 유아교육의 기본원리와 유아교과 교육론. 한국
　　발도르프영유아교육학회 제2회 동계학술세미나 자료집.

——— (2008). 한국에서의 발도르프영유아교육 이론과 실제2, 한국발
　　도르프영유아교육학회.

김정숙 (2009). 제주일보. 문화면 컬럼.

김진섭 (2018). 구약의 알리아 예언과 성취. 쉐마교육학회 동계학술세
　　미나 자료집.

김　희 (2020). 노자의 정치 연구. 『한국동서철학회』.

김현경 (2014). **발도르프 음악교육과 놀이**. 물병자리.

——— (2015). **우리아이 12감각을 깨워야 행복해진다**. 물병자리.

라히마 볼드윈 댄시 (2000). 강도은 역). **당신은 당신 아이의 첫 번째 선
　　생님입니다**. 청인출판사.

로빈 잭슨 (2011). 김은영외 역). **아름다운 동행 캠프힐 사람들**. 知와
　　사랑.

바바라 J·패터슨·파멜라 브래들리 (2008). 강도은 역). **무지개 다리너
　　머**. 물병자리.

박기용 외 (2013). **특수체육학의 이해**. 영남대학교 출판부.

백상현 (2017). **가짜인권, 가짜혐오, 가짜 소수자**. 밝은생각.

마티아스 바이스 외 (2014). 이정희. 여상훈 역). **발도르프 성교육**. 씽크
　　스마트.

마그다 거버, 앨리슨 존슨 (2014). **엄마, 나를 지켜봐 주세요.** 북라이프.

석진미 (2006). 동화 들려주기를 통한 발도르프 유아교사의 자기교육에 관한 이야기. 숭실대학교 대학원 석사논문.

성용균 (2000). 발도르프 학교의 인간교육, 『교육학연구』, Vol.38, No. 1.

슈타이너사상연구소, 평화의 춤 (2022), 출처: https://steinerinstitute.tistory.com.

알버트 수스만 (2016). **12감각.** 도서출판: 푸른씨앗.

에바 칼로·기요르기 발로그 (2014). 박성원 역). **자유놀이의 시작.** 행동하는 정신.

에미 피클러 (2014). **존중과 공감의 돌봄.** 한국루돌프 슈타이너인지학 연구센터.

에에바 칼로 외 (2014). **자유놀이의 시작.** 행동하는 정신.

위키디피아. 위키백과. **우리 모두의 백과사전** (22. 2. 7).

유진호 (2011). 심리운동적 신체활동 프로그램이 발달지체아동의 운동능력에 미치는 영향. 한신대학교 대학원 석사논문.

윤선영 (2000). **발도르프 유아교육.** 슈타이너사상연구소 : 평화의 춤.

윤유광 (2009). 청년기 혼전 성관계에 대한 성경적 상담. 총신대학교 상담대학원 석사논문.

이미란·류왕효 (2007). 발도르프 교육이 발달지체유아의 통합보육에 주는 교육적 시사점.『사)한국정서행동장애아교육학회』.

――― (2021). 성경적 성교육의 이해.『한영논총』.

양동일·한재윤 (2019). 하늘이 준 최고의 선물 **성성이야기**. 생각나무.

이상원 (2014). 성경적 관점에서 본 차별금지법. 차별금지법 바로알기 아카데미 자료집.

이윤옥 (2004). 5-6세 유아의 가정환경과 정서지능 및 사회적 능력과의 관계.『한국교육』Vol. 31. No. 1.

이정희 (2017). **발도르프 육아예술**. 씽크스마트.

이창미 (2014). **영아보육과정**. 에듀케어.

전일균 (1996). 루돌프슈타이너의 노작교육론.『교육학회지』. 제34권.

정윤경 (2000). **루돌프슈타이너의 인지학과 발도르프학교**. 서울: 내일을 여는 책.

잭볼스윅·쥬디스볼스윅 (2002) 홍병룡역). **진정한 성**. 한국기독학생출판부.

한데린 (2000), 이나현 역), **자유발도르프 교육 입문**, 밝은누리.

한국루돌프슈타이너인지학연구센터 홈페이지. 출처 : http://steinercenter.org.

한국슈타이너협회. 홈페이지. 출처 : http://www.waldorf.or.kr.

황민정 (2006). 발도르프 수공예놀이가 유아의감성지능 창의적 표현에 미치는 영향- 동국대학교 교육대학원 석사논문.

헤닝 한스만 (2001). 홍미영 역). **장애아동을 위한 발도르프 치유교육**. 파라다이스.

현용수 (2012). **성경이 말하는 남녀 한몸의 비밀**. 쉐마.

패터랑 (2005). 이정희 역). **우리아이에게 꼭 필요한 일곱가지 능력**, (사) 한국루돌프슈타이너인지학연구센터

—— (2005). 이정희 역). **아이들에게 시간을 줍시다**. 국제발도르프 유치원연합회.

—— (2008). 이정희 역). **루돌프 슈타이너의 정신과학에서 바라본 아동교육**. 섬돌.

콤파니·페터랑 (2013). **발도르프유아교육**. 행동하는 정신.

크레용 하우수(JAPAN)편집부 (2010). 고향옥 역). **우리집은 발도르프 유치원**. 청어람미디어.

Ch. Linderberg(1975), **Lindenberg Cristoph, Waldorfsculen** : Angstfrei Lernen, Selbstbewußt. 이나현 譯, 『자유발도르프 교육입문 : **두려움 없이 배우고 자신 있게 행동하기**』, 밝은누리, 2000.

DR. Yocheved Debow (2017). **Talking about Intimacy and Sexuality**. A guide Orthodox Jewish Parents. KTAV.

Francis Edmunds (2004). **An Introduction to Stiner Education**. Sophia Books.

Freya Jaffke (2004). **Toymaking with Children.** Floris Books.

Magda gerber and Allison Johnson (1998). **Your self confident baby,** WILEY.

Rahima Baldwin Dancy (2000). **Your are your child's first teacher.** CA.